마르크스주의란 무엇인가?

이 도서의 국립중앙도서관 출판예정도서목록(CIP)은 서지정보유통지원시스템 홈페이지(http://seoji.nl.go.kr)와 국가자료종합목록 구축시스템(http://kolis-net.nl.go.kr)에서 이용하실 수 있습니다. (CIP제어번호 : CIP2019031567)

마르크스주의란 무엇인가?

크리스 하먼 지음 | 이수현 옮김

책갈피

차례

일러두기

1. 인명과 지명 등의 외래어는 최대한 외래어 표기법에 맞춰 표기했다.

2. 《 》부호는 책과 잡지를 나타내고, 〈 〉부호는 신문과 주간지를 나타낸다. 논문은 " "로 나타냈다.

3. 본문에서 [ ]는 옮긴이가 독자의 이해를 돕거나 문맥을 매끄럽게 하려고 덧붙인 것이고, 인용문에서 지은이가 덧붙인 것은 [― 하면]이라고 표기했다.

4. 본문의 각주는 옮긴이가 넣은 것이다.

5. 원문에서 이탤릭체로 강조한 부분은 고딕체로 나타냈다.

머리말

마르크스주의는 어렵다는, 근거 없는 믿음이 널리 퍼져 있다. 사회주의의 적들이 그런 믿음을 퍼뜨린다. 예컨대, 노동당 당수를 지낸 해럴드 윌슨은 마르크스의 《자본론》을 읽다가 1페이지도 못 넘기고 포기했다고 자랑스레 떠들어 댔다. 또, '마르크스주의자'를 자처하는 별난 학자들도 그런 근거 없는 믿음을 부추긴다. 그들은 남들이 모르는 것을 알고 있는 전문가라는 인상을 주기 위해 일부러 모호한 문구나 수수께끼 같은 표현을 사용한다.

따라서 1주일에 40시간씩 공장과 광산, 사무실 등에서 일하

원서의 초판은 1979년에 나왔고, 이 번역서는 2000년에 나온 제6판을 옮긴 것이다

는 많은 사회주의자가 마르크스주의를 이해하려고 애쓰는 것은 시간과 노력 낭비라고 생각하는 것도 그리 놀라운 일은 아니다.

그러나 사실 마르크스주의의 기본 사상은 놀라울 만큼 간단하다. 우리가 사는 사회를 설명해 주는 마르크스주의의 방식은 다른 어떤 사상 체계에서도 찾아볼 수 없는 것이다. 즉, 마르크스주의는 이 세계가 경제 위기에 시달리고, 풍요 속에 빈곤이 공존하고, 쿠데타와 군부독재로 얼룩지고, 경이로운 발명 때문에 수많은 사람이 실업자로 전락하고, 이른바 '민주주의' 국가들이 고문 기술자들에게 보조금을 지급하고, '사회주의' 국가들끼리 핵무기 경쟁을 하면서 서로 으르렁대는 것을 이해할 수 있게 해 준다.

한편, 기득권층의 사상가들은 마르크스주의를 비웃지만 사실 그들은 눈을 가리고 숨은그림찾기를 하는 정신이 나간 사람들처럼 제대로 아는 것도 없으면서 형편없는 설명이나 늘어놓고 있다.

그러나 마르크스주의가 비록 어렵지는 않지만, 카를 마르크스의 저작을 처음 접하는 사람들에게는 골치 아픈 문제가 하나 있다. 100년도 더 전에 글을 쓴 마르크스는 당대의 언어를 사용했고 당시 거의 모든 사람에게 익숙한 인물과 사건을 언급했지만, 오늘날 그런 것들을 아는 사람은 전문적 역사가들뿐이다.

나도 학교 다닐 때 마르크스의 소책자 《루이 보나파르트의 브뤼메르 18일》을 읽으려다가 도대체 뭔 소린지 몰라서 곤혹스러워한 적이 있다.

그때 나는 브뤼메르가 뭔지 루이 보나파르트가 누군지도 몰랐다. 마르크스주의를 이해하려고 애쓰다가 그런 경험을 하고 나서는 아예 포기해 버린 사회주의자가 얼마나 많았던가!

이 얇은 책은 바로 그런 사람들을 위한 것이다. 즉, 마르크스가 뭐라고 말했는지 그리고 나중에 프리드리히 엥겔스, 로자 룩셈부르크, 블라디미르 레닌, 레온 트로츠키와 그 밖에 비중이 더 작은 사상가들이 마르크스주의를 어떻게 발전시켰는지를 사회주의자들이 더 쉽게 이해할 수 있도록 도와주기 위해 마르크스주의 사상을 알기 쉽게 소개하는 책이다.

이 책의 내용은 대부분 〈소셜리스트 워커〉 신문에 "알기 쉬운 마르크스주의"라는 꼭지로 실린 연재 기사였다. 그러나 이 책에서는 새로운 소재들을 상당히 추가했다. 그중에 몇몇은 마르크스주의 사상을 간결하게 설명한 기존 저작 두 권, 즉 던컨 핼러스가 지은 《마르크스주의의 진정한 의미를 찾아서》와 사회주의노동자당SWP의 노리치 지부가 제작한 《마르크스주의 교육 자료》에서 가져온 것이다.

마지막으로 한마디 덧붙이겠다. 지면 제약 때문에 이 얇은 책에서는 오늘날의 세계를 마르크스주의적으로 분석한 내용의 중

요한 일부를 다루지 못했다. 그래서 책 말미에 더 읽을거리를
상당히 추가했다.

1장
왜 마르크스주의 이론이 필요할까?

"도대체 왜 이론이 필요한가? 우리는 경제 위기에 빠져 있다는 것을 안다. 우리가 자본가들에게 착취당하고 있다는 사실도 안다. 우리가 모두 분노하고 있다는 것도 안다. 우리에게 사회주의가 필요하다는 것도 안다. 나머지는 지식인들이나 신경 쓸 문제지."

사회주의자들과 노동조합 투사들이 흔히 이렇게 말하는 것을 들을 수 있다. 사회주의를 반대하는 자들도 이런 생각을 강력하게 부추긴다. 그들은 마르크스주의라는 것이 이해하기 힘들고 복잡하고 재미없는 학설이라는 인상을 주려고 애쓴다.

사회주의 사상은 '추상적'이라고 그들은 말한다. 이론적으로는 모두 옳은 것처럼 들릴지 모르지만, 현실 생활에서 통용되는 상식과는 완전히 다르다는 것이다.

이런 주장들의 문제점은 그렇게 말하는 사람들도 보통은 저마다 '이론'이 있다는 것이다. 비록 그 사실을 인정하지는 않지만 말이다. 그들에게 사회에 관한 물음을 던져 보라. 그러면 이런저런 일반적 개념을 사용해서 대답하려 할 것이다. 예컨대, 이런 식으로 말이다.

"사람들은 이기적 본성을 타고났어."

"누구든지 열심히 노력하면 성공할 수 있지."

"부자들이 없다면, 우리에게 일자리를 제공할 돈도 없을 거야."

"노동자들을 교육시킬 수만 있다면 사회가 바뀔 텐데."

"도덕이 땅에 떨어져서 나라 꼴이 이 모양이야."

거리에서, 버스에서, 공장이나 학교의 구내식당에서 논쟁이 벌어질 때면 이런 말을 곧잘 듣게 된다. 이런 말에는 사회가 왜 이 모양인지 그리고 어떻게 해야 사람들의 처지가 나아질 수 있는지에 관한 견해가 담겨 있다. 그런 견해는 모두 사회에 관한 '이론'이다.

사람들이 자신에게는 이론이 없다고 말할 때, 그것은 자신의 견해를 명확하게 정리해 본 적이 없다는 뜻일 뿐이다.

사회를 변혁하려고 노력하는 사람들에게 이런 태도는 특히 위험하다. 왜냐하면 신문·라디오·텔레비전이 모두 사회가 왜 이렇게 엉망인지를 설명한답시고 이런저런 견해를 우리 머릿속에 끊임없이 주입하고 있기 때문이다. 그들은 우리가 자기네 말을 고스란히 받아들이고 문제를 더 깊이 생각해 보지 않기를 바라는 것이다.

그러나 그런 온갖 주장에서 무엇이 틀렸는지를 제대로 알지 못하면 우리는 사회를 변혁하기 위해 효과적으로 싸울 수 없다.

이 점은 150년 전에 처음으로 드러났다. 1830년대와 1840년대에 영국 북서부 지방 같은 곳에서는 공업이 발전하면서 수많은 성인 남녀와 아동이 형편없이 적은 돈을 받고 일했다. 그들은 도저히 믿을 수 없을 만큼 불결한 생활 조건을 감내해야만 했다.

그들은 최초의 대중적 노동자 조직들을 만들어 투쟁하기 시작했다. 즉, 최초의 노동조합과 영국 최초의 노동자 참정권 운동인 차티즘이 등장한 것이다. 이런 운동들과 나란히, 사회주의 실현에 헌신하는 소규모 집단들도 처음으로 생겨났다.

어떻게 해야 노동자 운동의 목표를 달성할 수 있는가 하는 문제가 곧바로 제기됐다.

어떤 사람들은 지배자들을 설득해서 평화적 수단으로 사회를 변혁할 수 있다고 말했다. 평화적 대중운동의 '도덕적 힘'이 반드시 노동자들에게 이득을 가져다줄 것이라는 주장이었다. 수많은 사람이 그런 견해를 바탕으로 조직하고 시위하고 운동을 건설하려고 노력했지만, 결과는 패배와 사기 저하였다.

다른 사람들은 '물리적 힘'을 사용할 필요가 있다는 것을 인정했지만, 사회와 단절된 극소수의 음모 집단만이 그런 힘을 사용할 수 있다고 생각했다. 이런 주장에 동의한 많은 노동자도 투쟁에 나섰지만, 역시 결과는 패배와 사기 저하였다.

또 다른 사람들은 노동자들이 군대나 경찰과 충돌하지 않고 경제적 행동으로 목표를 달성할 수 있다고 믿었다. 역시 그들의 주장도 대중행동으로 이어졌다. 세계 최초의 총파업이 1842년 영국 북부의 공업지대에서 벌어졌다. 수많은 노동자가 참여한 파업이 4주 동안 계속됐지만, 결국 굶주림과 궁핍 때문에 작업 복귀를 할 수밖에 없었다.

첫 단계의 노동자 투쟁들이 패배로 끝날 무렵인 1848년에 독일 사회주의자 카를 마르크스가 자신의 사상을 자세히 설명한 소책자 《공산당 선언》을 펴냈다.

그의 사상은 난데없이 나타난 것이 아니라, 당시의 노동자 운동에서 생겨난 온갖 문제들을 다루기 위한 토대를 제공하려는 것이었다.

마르크스가 발전시킨 사상은 오늘날에도 여전히 유의미하다. 어떤 사람들은 마르크스가 《공산당 선언》을 쓴 지 150년도 더 지났으므로 그의 사상은 이제 낡은 것이 됐다고 말하지만, 이것은 어리석은 소리다. 사실 마르크스가 논파한 온갖 사회관은 지금도 여전히 매우 널리 퍼져 있다. 차티스트들이 '도덕적 힘'이냐 '물리적 힘'이냐를 두고 논쟁한 것과 꼭 마찬가지로 오늘날 사회주의자들도 [사회주의로 가는] '의회적 길'이냐 '혁명적 길'이냐를 두고 논쟁한다. 혁명가들이 '테러리즘'을 찬성할지 반대할지를 두고 논쟁하는 것은 1848년이나 지금이나 마찬가지다.

마르크스는 사회가 무엇이 잘못됐는지를 설명하려고 노력한 최초의 인물은 아니었다. 그가 글을 쓰고 있었을 때 공장에서는 새로운 발명 덕분에 이전 세대는 꿈도 꿀 수 없었던 규모의 부가 엄청나게 생산되고 있었다. 처음으로 인류는 이전 시대의 골칫거리였던 자연 재난에 맞서 자신을 방어할 수단을 확보한 것처럼 보였다.

그러나 엄청난 부의 생산으로 대다수 사람들의 삶이 조금이라도 나아진 것은 아니었다. 오히려 정반대였다. 새로운 공장에서 일하게 된 성인 남녀와 아동은 그들의 할아버지와 할머니가 토지에서 힘들게 일하던 시절보다 훨씬 더 열악한 생활을 했다. 그들의 임금은 거의 최저생계비 수준을 넘지 못했는데, 주기적으로 닥치는 대량 실업 때문에 그보다 훨씬 아래로 떨어지곤 했다. 그들은 제대로 된 위생 시설도 없는 비참하고 지저분한 빈민가의 좁아 터진 집에 우글우글 모여 살았기 때문에 끔찍한 전염병에 시달려야 했다.

엄청난 부의 생산은 전반적 행복과 복지를 가져다주는 문명의 발전이 아니라, 오히려 더 큰 불행을 낳고 있었다.

이 점을 지적한 사람은 마르크스만이 아니었다. 당시의 다른 위대한 사상가 몇 명도 그런 지적을 했는데, 예컨대 블레이크나

셸리 같은 영국 시인들도 그랬고 프랑스의 [공상적 사회주의자] 푸리에와 [아나키스트] 프루동, 독일 철학자인 헤겔과 포이어바흐 등도 그랬다.

헤겔과 포이어바흐는 인간이 처한 이 불행한 상태를 두고 '소외'라고 불렀다(이 소외라는 말은 지금도 흔히 들을 수 있다). 헤겔과 포이어바흐가 말한 소외는 인간이 자신의 과거 행위의 결과에 끊임없이 지배당하고 억압받는 것을 의미했다. 그래서 포이어바흐는 사람들이 신이라는 관념을 만들어 내고 그 앞에 엎드려 절하면서, 스스로 만들어 낸 것의 기대에 부응하지 못한다는 이유로 비참하게 느낀다고 지적했다. 그리고 사회가 발전할수록 사람들은 더 비참해지고 '소외'된다는 것이었다.

마르크스는 자신의 초기 저작들에서 이 '소외' 개념을 받아들여서, 사회의 부를 창조한 사람들의 생활에 적용했다.

노동자는 부를 더 많이 생산할수록, 그의 생산 능력과 범위가 더 증대할수록 더 빈곤해진다. … 사물 세계의 가치가 증가하는 만큼 인간 세계의 가치는 저하한다. … 노동의 생산물은 노동[자]에게 낯선* 어떤 것으로서, 생산자한테서 독립적인 힘으로서 노동과 대립한다.

---

* alien은 '낯선'이라는 뜻도 있고 '소외된'이라는 뜻도 있다.

마르크스의 시대만 하더라도 사회가 무엇이 잘못됐는지를 설명하는 가장 흔한 주장은 여전히 종교적인 것이었다. 즉, 사회의 불행은 신이 원하는 대로 사람들이 행동하지 않기 때문이라는 설명이었다. 우리가 '죄를 버릴' 수만 있다면 만사가 잘 되리라는 것이었다.

이와 비슷한 견해는 지금도 흔히 들을 수 있다(비록 종교적이지 않은 주장처럼 들리지만 말이다). '사회를 변화시키려면 먼저 너 자신부터 변해야 한다'는 주장이 그것이다. 남녀 개인들이 자신의 '이기심'이나 '물질 만능주의'(나 가끔은 '강박관념')를 버리기만 하면 사회는 저절로 더 나아지리라는 것이다.

이와 비슷한 견해지만, 모든 개인이 아니라 중요한 소수의 개인들, 즉 사회에서 권력을 행사하는 사람들이 변해야 한다는 주장도 있었다. 그 생각인즉, 부자와 권력자들이 '사리를 분별'할 수 있도록 깨우쳐야 한다는 것이었다.

예컨대, 영국 최초의 사회주의자들 가운데 한 명인 로버트 오언은 기업인들을 설득해서 노동자들을 더 친절하게 대하도록 만들려고 노력했다. 똑같은 생각은 오늘날에도 노동당 좌파를 포함한 노동당 지도자들 사이에서 여전히 우세하다. 그래서 그들은 항상 사용자들의 범죄를 '실수'라고 부르면서, 마치 약간의 논쟁으로 대기업들을 설득해서 그들의 사회적 지배력을 약화시킬 수 있다는 듯이 말한다.

마르크스는 그런 견해들을 모두 '관념론'이라고 불렀다. 사람들이 '관념'을 갖는 것에 반대해서가 아니라, 그런 견해는 관념이 사람들의 생활 조건과 동떨어져서 존재한다고 보기 때문이었다.

사람들의 관념은 그들이 어떤 종류의 생활을 할 수 있는지와 밀접한 연관이 있다. 예컨대, '이기심'을 보자. 오늘날의 자본주의 사회는 [학교에서든 사회에서든 다른 사람들과의 경쟁에서 이겨야 성공하고 행복해질 수 있다며] 이기심을 부추긴다. 심지어 남을 먼저 생각하려고 끊임없이 노력하는 사람들의 마음속에도 이기심을 심어 준다. 자녀에게 최선을 다하고 싶거나 부모님께 조금이라도 용돈을 더 많이 드리고 싶은 노동자는 그럴 수 있는 유일한 방법이 다른 노동자들과 끊임없이 경쟁하는 것뿐이라고 느끼게 된다. 즉, 다른 노동자들보다 더 좋은 일자리를 얻고, 잔업을 더 많이 하고, 정리 해고 때는 최고 좋은 조건을 따내는 것이라고 생각하게 되는 것이다. 그런 사회에서는 단지 개인들이 마음을 바꾼다고 해서 '이기심'이나 '탐욕'이 사라질 수 없는 법이다.

사회 '고위층 사람들'의 생각을 바꿔서 사회를 변화시킨다는 말은 훨씬 더 터무니없다. 어떤 대기업의 사용자를 설득해서 사회주의 사상을 받아들이고 이제 더는 노동자들을 착취하지 않게 하는 데 성공했다고 치자. 그러면 그는 [노동자들을 착취해서 끊임없이 자본을 축적하는] 다른 기업 사용자들과의 경쟁에서 패배할 것이고 결국 업계에서 퇴출당할 것이다.

심지어 사회를 지배하는 사람들에게도 중요한 것은 관념이 아니라 그런 관념을 갖게 만든 사회구조다.

이 점은 다르게 설명할 수도 있다. 관념이 사회를 변화시키는 것이라면, 그 관념은 도대체 어디서 생겨날까? 우리는 특정한 종류의 사회에 살고 있다. 신문과 방송, 교육기관 등이 쏟아내는 관념은 바로 그 사회를 옹호한다. 누군가가 이것과 완전히 다른 관념을 발전시킨다면 과연 어떻게 그럴 수 있을까? 그 이유는 일상적 경험이 우리 사회의 지배적 관념과 모순되기 때문이다.

예컨대, 100여 년 전보다 오늘날 종교를 가진 사람이 훨씬 적은 이유를 단지 무신론이 성공적으로 전파됐기 때문이라고만 설명할 수는 없는 노릇이다. 과거와 달리 오늘날 사람들이 무신론에 귀를 기울이는 이유를 설명해야 하는 것이다.

마찬가지로, 이른바 '위인'들의 영향을 설명하고자 한다면 다른 사람들이 그 위인을 따르게 된 이유를 설명해야 한다. 예컨대, 나폴레옹이나 레닌이 역사를 바꿨다고 말하면서도 왜 수많은 사람이 기꺼이 나폴레옹이나 레닌의 제안대로 행동했는지를 설명하지 않는다면 아무 소용이 없다. 어쨌든 나폴레옹과 레닌은 대중에게 최면술을 걸어 조종한 사람이 아니었기 때문이다. 역사의 어떤 시점에서 사회생활의 무언가가 사람들로 하여금 나폴레옹이나 레닌의 제안을 옳다고 여기게 만들었던 것이다.

어떻게 관념이 역사를 바꾸는지를 이해하려면 그런 관념이 어디서 생겨나는지, 왜 사람들이 그런 관념을 받아들이는지를 이해해야만 한다. 이 말은 그런 관념이 생겨나는 사회의 물질적 조건을 들여다봐야 한다는 뜻이다. 그래서 마르크스는 "의식이 존재를 결정하는 것이 아니라, 사회적 존재가 의식을 결정한다"고 주장했던 것이다.

2장
역사를 어떻게 봐야 할까?

관념 자체는 사회를 변화시킬 수 없다. 이것은 마르크스가 초창기에 내린 결론들 가운데 하나였다. 이전의 다른 많은 사상가와 마찬가지로 마르크스도 사회를 이해하려면 인간을 물질적 세계의 일부로 봐야 한다고 주장했다.

다른 자연물의 행동과 마찬가지로 인간의 행동을 결정하는 것도 물질적 힘이었다. 인간에 대한 연구는 자연 세계에 대한 과학적 연구의 일부였다. 그런 견해를 가진 사상가들을 일컬어 유물론자라고 했다.

마르크스는 다양한 종교적·관념론적 역사관에 비해 유물론이 큰 진보라고 여겼다. 왜냐하면 이제 더는 신에게 기도하거나 사람들의 '정신적 변화'에 의존하지 않고, 사회적 조건을 변화시키는 문제를 과학적으로 논할 수 있게 됐기 때문이다.

관념론이 유물론으로 대체된 것은 신비주의가 과학으로 대체된 것이었다. 그러나 인간의 행동에 대한 유물론적 설명이 모두 다 옳은 것은 아니다. 생물학·화학·물리학에도 잘못된 이론이 있었듯이 과학적 사회 이론을 발전시키려는 시도들 중에도 잘못된 것이 있었다. 몇 가지 사례를 들어 보자.

마르크스주의적이지 않은 유물론적 견해로 매우 널리 퍼져 있는 것이 인간은 특정한 행동을 하는 '본성'을 타고난 동물이라는 것이다. 늑대의 본성은 양을 잡아먹는 것이고 양은 온순한 본성이 있듯이 인간은* 공격적이고 지배욕과 경쟁심이 강하고 탐욕적 본성을 타고났다는 것이다(그리고 이것은 여자의 본성이 온화하고 순종적이고 공손하고 수동적이라는 주장을 함축하고 있다).

이런 견해를 정식화한 것 하나를 《털 없는 원숭이》라는** 베스트셀러에서 찾아볼 수 있다. 그런 주장들이 내리는 결론은 거의 항상 반동적이다. 인간이 공격적 본성을 타고났다면, 사회를 개선하려고 시도해 봐야 아무 의미가 없다고 그들은 말한다. 상황은 항상 똑같을 것이고, 혁명은 '항상 실패'할 것이다.

그러나 '인간 본성'은 실제로는 사회마다 다르다. 예컨대, 경쟁심은 우리 사회에서 당연한 것으로 여겨지지만 과거의 많은 사회에서는 거의 존재하지 않았다. 아메리카 원주민인 수Sioux 족에게 처음으로 지능지수IQ 검사를 실시하려고 시도한 과학자들

---

* 원문에서 '인간'의 의미로 사용된 단어 men에는 '남자'라는 뜻도 있다.

** 국역: 데즈먼드 모리스, 《털 없는 원숭이》, 문예춘추, 2011.

은 수 족이 왜 서로 도와서 답을 찾으려고 하면 안 되는지를 이해하지 못한다는 사실을 발견했다. 수 족이 사는 사회는 경쟁이 아니라 협력을 강조했던 것이다.

공격성도 마찬가지다. 처음으로 유럽인을 만난 에스키모인들은 '전쟁'이라는 개념을 전혀 이해하지 못했다. 한 무리의 사람들이 다른 무리를 없애 버리려고 한다는 생각이 그들에게는 정신 나간 소리로 들렸을 것이다.

우리 사회에서는 부모가 자녀를 사랑하고 보호해야 한다는 것을 '자연스러운 것', 즉 타고난 본성으로 여긴다. 그러나 고대 그리스의 도시국가 스파르타에서는 젖먹이 아기들을 산에 남겨 두고 추운 날씨에도 살아남을 수 있는지 알아보는 것을 '자연스러운 것'이라고 여겼다.

'불변의 인간 본성' 이론은 역사적 대사건들을 전혀 설명하지 못한다. 그런 이론은 이집트의 피라미드, 고대 그리스와 로마 제국과 잉카제국의 웅장한 건축물, 현대의 공업 도시를 모두 중세 암흑시대의 진흙 오두막에서 살던 글 모르는 농민들과 똑같은 수준에 놓는다. 중요한 것은 오로지 '털 없는 원숭이'일 뿐, 그 '원숭이'들이 건설한 훌륭한 문명이 아니다. 그 '원숭이'들을 먹여 살리는 데 성공한 사회가 있는가 하면 다른 사회에서는 수많은 '원숭이'가 굶어 죽는다는 사실은 '불변의 인간 본성'론자들에게 아무 의미도 없다.

많은 사람이 받아들이는 다른 유물론적 견해는 인간의 행동을 변화시킬 수 있다는 것을 강조한다. 그 견해의 지지자들은 밀림 속에 사는 동물도 훈련을 시키면 서커스에서 다르게 행동할 수 있는 것과 꼭 마찬가지로 인간의 행동도 이와 비슷하게 변할 수 있다고 말한다. 올바른 사람들이 사회를 통제하기만 하면, '인간 본성'도 바뀔 수 있다는 것이다.

이런 견해는 확실히 '털 없는 원숭이'론에 비하면 큰 진보다. 그러나 어떻게 사회 전체가 변화할 수 있는지를 설명하는 이론으로서는 실패작이다. 만약 모든 사람이 오늘날의 사회에 맞게 길들여져 있다면, 누가 과연 사회 위에 올라서서 그 길들이는 구조를 확실히 변화시킬 수 있겠는가? 신이 미리 정해 놓은 소수의 사람들이 있고 그들은 마법 같은 능력이 있어서 다른 모든 사람을 지배하는 압력을 받지 않는다는 것이 과연 가능하겠는가? 만약 우리가 모두 서커스의 동물이라면, 사자 조련사는 과연 누구인가?

이런 이론을 주장하는 사람들은 결국 ('털 없는 원숭이'론자들처럼) 사회가 변화할 수 없다고 말하거나 아니면 (신이나 '위인'이나 이런저런 관념의 힘 같은) 사회 바깥에 있는 어떤 것이 변화를 만들어 낸다고 생각하게 된다. 결국 그들의 유물론은 새로운 종류의 관념론이 들어올 수 있도록 뒷문을 열어 놓는 셈이다.

마르크스가 지적했듯이, 이런 학설은 사회를 두 부분으로 나누고 한 부분이 사회를 초월한다고 여길 수밖에 없다. 이런 '유물론'적 견해는 흔히 반동적이다. 오늘날 그런 견해를 지지하는 가장 유명한 사람 가운데 한 명이 스키너라는 미국의 우파 심리학자다. 그는 사람들이 특정한 방식으로 행동하도록 훈련시키고 싶어한다. 그러나 스키너 자신이 미국 자본주의 사회의 산물이기 때문에, 그가 말하는 훈련은 단지 사람들이 자본주의 사회에 순응하도록 만들려고 하는 것일 뿐이다.

또 다른 유물론적 견해는 세계의 모든 불행을 '인구 압력' 탓으로 돌린다(이것은 보통 그런 주장을 맨 처음 발전시킨 18세기 말의 영국 경제학자 맬서스의 이름을 따서 '맬서스 이론'이라고 부른다). 그러나 '인구 압력'론은, 예컨대 인도에서는 사람들이 굶주리는 반면 미국에서는 옥수수를 불태우는 일이 벌어지는 이유를 설명할 수 없다. 또, 150년 전에는 미국에서 1000만 명을 먹여 살리기에도 부족한 식량이 생산됐지만, 오늘날에는 2억 명을 먹여 살리고도 남을 만큼 식량이 많이 생산되는 이유도 설명할 수 없다.

'인구 압력'론은 먹여 살려야 하는 입이 하나 늘어날 때마다 노동을 해서 부를 창조할 수 있는 사람도 한 명씩 늘어난다는 사실을 잊고 있다.

마르크스는 이 모든 잘못된 설명을 일컬어 '기계적' 유물론

또는 '저속한' 유물론이라고 했다. 그런 유물론은 모두 인간이 물질세계의 일부일 뿐 아니라, 그 물질세계를 변화시키는 행동도 하는 생명체라는 사실을 망각하고 있다.

유물론적 역사 해석

인간은 의식과 종교, 기타 등등에 의해 동물과 구별될 수 있다. 인간이 동물과 자신을 구별하기 시작하는 것은 (의식주 같은) 생계수단을 **생산**하기 시작하면서부터다.

이것은 사회가 어떻게 발전하는지를 독특하게 설명하면서 카를 마르크스가 강조한 말이다. 인간은 유인원 같은 동물의 후예다. 그래서 다른 동물과 마찬가지로 인간의 맨 처음 관심사도 먹을 것을 얻는 것과 비바람이나 추위에서 자신을 보호하는 것이었다.

다른 동물들이 먹을 것을 얻고 자신을 보호하는 방식은 유전된 생물학적 조건에 달려 있다. 늑대가 다른 동물을 잡아먹으며 살아가는 방식은 생물학적으로 유전된 본능에 따라 결정된다. 늑대는 털 덕분에 추운 밤에도 따뜻한 체온을 유지할 수 있다. 또, 유전된 행동 양식에 따라 새끼를 기른다.

그러나 인간의 생활은 이런 식으로 고정돼 있지 않다. 10만 년이나 3만 년 전에 지구상에 존재한 인간은 오늘날의 우리와 사뭇 다르게 살았다. 그들은 동굴에서 살거나 땅에 구덩이를 파고 살았다. 또, 식량이나 물을 담을 그릇도 없었고, 식량은 나무 열매를 따 모으거나 야생동물을 돌로 사냥해서 얻었다. 글을 쓸 줄도 몰랐고, 계산은 손가락셈 정도밖에 하지 못했다. 바로 근처에 사는 이웃의 일 말고는 외부 세계의 사정이나 자기 조상들이 한 일에 대해 실제로 아는 바가 없었다.

그러나 10만 년 전 인간의 신체 조건과 현대인의 신체 조건은 비슷하고, 3만 년 전 인간과 현대인의 신체 조건은 똑같다. 당시 동굴에 살던 인간을 깨끗이 씻기고 면도하고 옷을 말쑥하게 입혀서 시내 중심가를 돌아다니게 한다면, 아무도 그를 이상하게 여기지 않을 것이다.

고고학자인 C* 고든 차일드는 다음과 같이 말했다.

현생인류의 가장 오래된 해골은 마지막 빙하기 끝 무렵의 것이다. … 호모사피엔스의 해골이 지질학적 기록에 처음 등장한 이후 … 인간의 신체적 진화는 사실상 중단됐지만 문화적 진보는 그때부터 본격적으로 시작됐다.

---

* V의 오타인 듯하다.

또 다른 고고학자인 리처드 리키도 똑같은 지적을 했다.

한편으로 (2만 5000년 전) 오리냐크 문화나 마들렌 문화 시대의 인간과, 다른 한편으로 현대인 사이의 신체적 차이는 무시해도 될 정도지만, 문화적 차이는 헤아릴 수 없을 만큼 크다.

고고학자들이 말하는 '문화'는 남녀 인간들이 서로 배우고 가르쳐 주는 것(모피나 양털로 옷을 만드는 법, 진흙으로 그릇을 만드는 법, 불을 피우는 법, 집을 짓는 법 등등)인 반면에, 동물들은 그런 것을 본능적으로 안다.

가장 초기 인간의 생활도 이미 여느 동물들과 크게 달랐다. 왜냐하면 인간 특유의 신체적 특징(큰 두뇌, 객체를 조작할 수 있는 앞발)을 이용해서 주위 환경을 자신의 필요에 맞게 변형할 수 있었기 때문이다. 이것이 뜻하는 바는 인간은 자신의 신체적 조건을 전혀 바꾸지 않고도 아주 다양한 상황에 스스로 적응할 수 있었다는 것이다. 이제 인간은 주위 상황에 단지 반작용하는 데 그치지 않았다. 주위 상황에 작용을 가해서 자신에게 유리하게 바꾸기 시작한 것이다.

처음에 인간은 막대기와 돌을 이용해서 야생동물을 공격했고, 자연발화에서 얻은 횃불로 열과 빛을 공급했으며, 나뭇잎과 풀과 짐승 가죽으로 몸을 가렸다. 수만 년의 세월이 흐르는 동안 인간은 직접 불을 붙이는 법을 터득했고, 돌을 다듬어서 석기를 만들었고, 마침내 스스로 씨를 뿌려서 곡식을 재배하고 진흙으로 만든 그릇에 그 곡식을 저장했고, 특정한 동물들을 길들여서 가축으로 삼았다.

비교적 최근에야, 즉 50만 년의 인류 역사에서 겨우 5000년 전에야 인간은 광석을 녹여 얻은 금속으로 믿을 만한 도구와 효과적인 무기를 만드는 비결을 터득했다.

이런 발전은 모두 엄청난 영향을 미쳤다. 단지 인간이 먹을 것과 입을 것을 얻기가 더 쉬워졌을 뿐 아니라, 인간의 생활이 조직되는 방식 자체에도 커다란 변화가 일어났다. 처음부터 인간의 생활은 사회적이었다. 인간은 여러 사람의 공동 노력을 통해서만 야생동물을 잡아먹고 곡식을 모으고 불이 꺼지지 않게 지킬 수 있었다. 인간은 서로 협력해야 했다.

이런 지속적이고 긴밀한 협력 덕분에 인간은 소리 내 말하는 언어를 발전시켜서 의사소통을 하게 됐다. 처음에 인간의 사회집단은 단순했다. 어디서든 자연 재배로 얻은 농작물이 충분치 않아서 아마 20여 명가량의 인간 집단을 부양하는 데 그쳤을 것이다. 식량을 얻어야 하는 기본 임무에 모든 노력을 쏟아야 했으므로 누구든지 똑같은 일을 했고 똑같은 종류의 생활을 했다.

식량을 저장할 수단이 없었으므로 사유재산도 없었고 계급

분열도 없었으며 전리품 따위를 차지하려고 전쟁을 벌일 필요
도 전혀 없었다.

얼마 전까지만 해도 지구상의 많은 지역에는 여전히 그런 식
으로 살아가는 사회가 수백 곳이나 있었다. 예컨대, 북아메리카
와 남아메리카의 일부 원주민들, 적도 부근 아프리카와 태평양
의 일부 주민들, 호주 원주민 등이 그랬다.

이런 사람들이 오늘날 우리보다 덜 영리한 것도 아니었고 더
'원시적' 사고방식을 가진 것도 아니었다. 예컨대, 호주 원주민들
은 생존하려면 말 그대로 수천 종의 식물을 구별하고 수십 종
의 동물 습성을 알고 있어야 했다. 인류학자 퍼스 교수는 호주
원주민에 관해 다음과 같이 썼다.

호주의 [원주민] 부족들은 … 그들의 사냥터에 사는 먹을 수 있는
모든 동물·물고기·새의 습성과 무늬, 번식지, 계절적 변동을 알고
있다. 또, 바위·돌·밀랍·고무·초목·섬유·나무껍질의 겉으로 드
러난 속성과 그보다 덜 분명한 속성도 알고 있다. 불을 피우는 방
법도 알고 있고, 열을 내서 고통을 완화하는 방법과 지혈하는 방
법, 신선한 먹거리의 부패를 늦추는 방법도 알고 있다. 또, 불과 열
을 이용해서 이런저런 목재를 딱딱하게 하거나 부드럽게 하는 방
법도 알고 있다. … 달이 차고 기우는 변화나 밀물과 썰물의 흐름,
행성의 궤도, 계절의 순환과 지속 기간도 어느 정도 알고 있다. 해

마다 바람의 방향이나 속도, 또 습도와 온도가 변하는 패턴 같은 기후변화를 생물 종의 성장 흐름과 연관시킬 줄도 안다. … 게다가 그들은 식량을 얻으려고 죽인 동물의 부산물을 지능적·경제적으로 이용할 줄도 안다. 예컨대, 캥거루의 살은 먹고, 다리뼈는 석기를 만드는 도구나 핀으로 사용하고, 힘줄은 창을 묶는 끈으로 쓰고, 발톱은 밀랍과 섬유로 연결해서 목걸이를 만들고, 비계는 대자석과* 섞어서 화장품을 만들고, 피는 숯과 섞어서 페인트로 사용한다. … 그들은 간단한 역학적 원리들도 약간 알고 있어서, 부메랑이 정확한 곡선을 그릴 때까지 다듬고 또 다듬는다.

호주의 사막에서 생존하는 문제에서는 그들이 우리보다 훨씬 더 '영리하다.' 그들이 터득하지 못한 것은 씨를 뿌려서 곡식을 재배하는 방법이었다(사실 그것은 우리 선조들도 겨우 5000년 전쯤에야 터득한 것이었고, 우리 선조들이 지구에 출현한 것은 그보다 100배나 더 오래전이었다).

부(인간의 생활 수단)를 생산하는 새로운 기술이 발전하면 항상 인간들 사이의 새로운 협력 방식, 즉 새로운 사회관계가 생겨났다.

---

* 대자석代赭石은 잘 부스러져 흙과 같이 되는 검붉은 색의 광석으로, 물감이나 연마제, 한방 약재로 쓰인다.

예컨대, 사람들이 (씨를 뿌리고 가축을 길러서) 식량을 직접 생산하고 그 식량을 (독에 담아서) 저장하는 법을 처음으로 알게 됐을 때 사회생활의 완전한 혁명이 일어났다(고고학자들은 이것을 '신석기 혁명'이라고 부른다). 인간은 이제 동물을 사냥하기 위해서만이 아니라 땅을 갈고 곡식을 수확하기 위해서도 함께 협력해야 했다. 전보다 훨씬 더 많은 사람이 함께 모여 살고 식량을 저장하고 다른 정착지와 재화를 교환하기 시작했다.

최초의 도시들이 발전했다. 처음으로 일부 사람들이 식량을 공급하는 일에 직접 참여하지 않고도 살아갈 수 있게 됐다. 그래서 어떤 사람들은 토기 만드는 일만 전문적으로 했고, 다른 사람들은 부싯돌 캐는 일만 전문적으로 하다가 나중에는 금속으로 도구와 무기를 만들었으며, 또 어떤 사람들은 정착지 전체를 위해 초보적 행정 업무를 전담하게 됐다. 저장된 잉여 식량이 전쟁을 일으킬 동기가 됐다는 것은 더 불길한 일이었다.

인간은 자신의 필요에 맞게 주위 세계를 다루거나 자연을 이용하는 새로운 방식들을 발견하기 시작했다. 그러나 그 과정에서 비록 의도하지는 않았지만 그들이 살고 있는 사회를 변혁했고, 그와 함께 자신들의 생활도 변혁했다. 마르크스는 이 과정을 '생산력 발전'이 '생산관계'를 변혁하고 이를 통해 사회도 변혁하는 것이라고 요약했다.

더 최근의 사례도 많다. 약 300년 전에는 이 나라[영국]의 대다수 사람들이 여전히 농촌에 살면서, 수백 년 동안 변하지 않은 기술로 식량을 생산했다. 그들의 정신적 시야는 촌구석을 벗어나지 못했고, 그들의 생각은 교회의 영향을 엄청나게 받았다. 대다수는 글을 읽고 쓸 필요가 없었으므로 아예 배우지도 않았다.

그러다가 200년쯤 전에 공업이 발전하기 시작했다. 수많은 사람이 공장으로 들어갔다. 그들의 생활은 철저한 변화를 겪었다. 이제 그들은 작은 시골 마을이 아니라 대도시에 살게 됐다. 그들은 자기 조상들이 꿈도 꾸지 못했던 기술을 익혀야 했고, 마침내 읽고 쓰는 능력도 갖게 됐다. 철도와 증기선 덕분에 지구 반대편으로 여행하는 것이 가능해졌다. 성직자들이 그들의 머릿속에 주입한 낡은 사상[중세 봉건시대의 종교적 세계관]은 이제 전혀 맞지 않았다. 생산에서 일어난 물질적 혁명은 사람들의 생활 방식과 사고방식의 혁명이기도 했다.

비슷한 변화는 지금도 전 세계의 수많은 사람에게 영향을 미치고 있다. 방글라데시나 터키의 시골 마을에 살던 사람들이 일자리를 찾아 영국이나 독일의 공장으로 가는 것을 보라. 많은 사람이 자신의 낡은 습관과 종교적 태도가 더는 맞지 않다는 사실을 알게 되는 것을 보라.

또는 지난 50년 동안 여성의 다수가 집 밖에서 일하는 데 익숙해지고, 그래서 여성이 사실상 남편의 재산 취급을 당하던 낡은 태도에 도전하게 된 것을 보라.

인간이 먹고 입고 자는 데 필요한 것을 생산하기 위해 함께 일하는 방식이 바뀌면, 사회가 조직되는 방식과 그 사회에 사는 사람들의 태도도 바뀐다. 이것이 마르크스 이전(과 이후의 많은) 사상가들, 즉 관념론자들과 기계적 유물론자들은 이해할 수 없었던 사회 변화(즉, 역사)의 비밀이다.

관념론자들은 사회 변화가 일어났다는 것은 알았지만, 그런 변화가 하늘에서 뚝 떨어진 것이라고 말했다. 기계적 유물론자들은 인간이 물질세계에 좌우된다는 것을 알았지만, 어떻게 상황이 바뀔 수 있는지는 이해하지 못했다. 마르크스는 인간이 주위 세계에 좌우되지만, 그 세계에 반작용하고 노동을 해서 세계를 더 살기 좋게 만든다는 사실을 이해했다. 인간은 그렇게 하는 과정에서 자신의 생활 조건도 변화시키고, 따라서 자기 자신도 변화시킨다.

사회 변화를 이해하는 열쇠는 인간이 의식주를 만들어 내는 문제에 어떻게 대처하는지를 이해하는 것이다. 바로 그것이 마르크스의 출발점이었다. 그렇다고 해서 기술이 향상되면 자동으로 더 나은 사회가 된다거나 심지어 발명이 자동으로 사회 변화를 낳는다고 마르크스주의자들이 생각한다는 말은 아니다. 마르크스는 이런 견해(때로는 기술결정론이라고 부른다)를 거부했다. 역사적으로 사람들은 의식주 생산을 발전시킬 수 있는 방안들이 기존 사회의 태도나 방식들과 충돌한다는 이유로 그런 방안들을 거부한 적이 여러 번 있었다.

예컨대, 로마제국에서는 일정량의 토지에서 더 많은 농작물을 생산할 수 있는 방안이 많이 나왔지만, 사람들은 그런 방안을 실행에 옮기지 않았다. 왜냐하면 채찍이 두려워 일하는 노예들을 그냥 쥐어짜는 것보다 더 많은 일에 매달려야 했기 때문이다. 또, 18세기에 영국이 아일랜드를 지배했을 때 [아일랜드의] 공업 발전을 저지하려 한 이유는 영국 기업인들의 이해관계와 충돌했기 때문이다.

만약 누군가가 인도에서 신성하게 여겨지는 소들을 도살해서 인도의 식량 문제를 해결하자고 하거나 영국에서 쥐 고기를 가공해서 육즙 많은 스테이크를 모든 사람에게 공급하자고 제안한다면, 기존 편견 때문에 그런 방안들은 무시당할 것이다.

생산이 발전하면 낡은 편견과 낡은 사회 조직 방식들이 도전받지만, 그렇다고 해서 그런 편견과 사회 형태가 저절로 전복되는 것은 아니다. 많은 사람이 사회 변화를 막으려고 투쟁한다 (따라서 새로운 생산방식을 사용하고 싶어 하는 사람들도 사회 변화를 위해 투쟁해야 한다). 만약 사회 변화를 반대하는 사람들이 승리한다면, 새로운 생산방식은 가동될 수 없을 것이고 생산은 정체하거나 심지어 퇴보할 것이다.

마르크스주의 용어로 말하면 다음과 같다. 생산력이 발전함에 따라 기존의 사회관계나 (낡은 생산력을 바탕으로 득세한) 기존 사상과 생산력이 충돌하게 된다. 이 충돌에서 새로운 생산력을 지지하는 사람들이 승리하거나 아니면 구체제를 지지하는 사람들이 승리한다. 전자의 경우에는 사회가 진보하지만, 후자라면 사회가 정체하거나 심지어 퇴보한다.

3장
인류의 역사는 계급투쟁의 역사다?

우리가 사는 사회는 계급으로 분열된 사회다. 그래서 소수가 엄청나게 많은 사유재산을 가진 반면, 우리 같은 대다수 사람들은 가진 게 거의 없다. 물론 역사적으로 늘 그랬다는 것을 우리는 당연하게 여기는 경향이 있다. 그러나 사실 대부분의 인류 역사에서는 계급도 없었고 사유재산도 없었으며 군대나 경찰도 없었다. 50만 년 동안 인간이 발전해 오면서 5000~1만 년 전까지만 해도 사정은 그랬다.

한 사람의 노동으로 생산할 수 있는 식량이 그 사람을 먹여 살리고 계속 노동하게 하는 데 필요한 수준 이상으로 증대하기 전까지는 사회가 계급으로 분열하는 일은 결코 일어날 수 없었다. 만약 노예들이 생산한 것이 모두 그 노예들을 먹여 살리는 데 들어가고 남는 게 없다면 노예를 거느리는 것이 무슨 의미가 있겠는가?

그러나 생산의 발전이 어느 수준을 넘어서자 계급 분열이 가능해졌을 뿐 아니라 필요해졌다. 식량 생산이 늘어난 덕분에 직접 생산자들을 충분히 먹여 살리고도 식량을 남겨 둘 수 있게 됐다. 또, 이 잉여 식량을 저장하고 다른 곳으로 옮길 수단도 생겨났다.

노동을 해서 이 모든 식량을 직접 생산한 사람들은 그 '잉여' 식량을 그냥 먹어 치워 버릴 수도 있었다. 그들은 매우 변변찮고 비참한 생활을 했기 때문에 그런 유혹을 강하게 느꼈을 것이다. 그러나 그랬다가는 기근이나 홍수 같은 자연재해가 닥쳤을 때 그냥 굶어 죽거나, 외부에서 굶주린 부족들이 쳐들어왔을 때 속수무책으로 당하고 말았을 것이다.

처음에는 한 무리의 특별한 사람들이 이 여분의 부를 책임지고, 미래의 재앙에 대비해서 그 부를 저장하고, 그것을 이용해 수공업자들을 부양하고, 방어 수단을 구축하고, 그 부의 일부를 멀리 떨어져 사는 부족들의 유용한 물건과 교환하는 것 등이 모든 사람들에게 큰 이익이 됐다. 이런 활동들은 최초의 도시들에서 이뤄지게 됐고, 그래서 도시에는 행정관·상인·수공업자들이 살았다. 다양한 종류의 부를 넓적한 판에 표시할 때 사용한 부호들에서 문자가 발전하기 시작했다.

바로 이런 과정을 거치며 우리가 '문명'이라고 부르는 것이 차츰차츰 성장했다. 그러나 이 모든 것은 증대한 부를 인구의 극소수가 통제하는 것에 바탕을 두고 있었다(그리고 이것은 큰 문제였다). 또 그 극소수는 사회 전체의 이익뿐 아니라 자신의 사사로운 이익을 위해서도 그 부를 사용했다.

생산이 발전할수록 더 많은 부가 이 소수의 수중에 집중됐다(고 그들은 점점 더 사회와 괴리됐)다. 사회를 이롭게 하는 수단으로 시작된 규칙들이 '법률'이 됐고, '법률'은 부와 그 부를 생산하는 토지가 소수의 '사유재산'이라고 우기게 됐다. **지배계급이 출현했**(고 **법률**은 지배계급의 권력을 옹호했)다.

다음과 같이 묻는 사람이 있을지도 모르겠다. 사회가 다르게 발전할 수도 있지 않았을까? 즉, 토지에서 일하는 사람들이 그 생산물을 직접 통제할 수도 있지 않았을까?

답은 '그럴 수 없었다'는 것이다. '인간 본성' 때문이 아니라, 사회가 여전히 매우 가난했기 때문이다. 당시 지구상에 존재한 대다수 사람들은 땅을 갈아서 근근이 먹고살기에도 바빴다. 그래서 문자 체계를 발전시키고, 예술 작품을 창작하고, 교역선을 건조하고, 천문도를 그리고, 수학의 기초 원리를 발견하고, 강의 범람 시기나 관개수로 건설 방법을 알아내는 일 등을 할 시간이 없었다. 이런 일들이 가능해진 것은, 인구의 대다수한테서 빼앗은 약간의 생활필수품으로 소수 특권층을 부양해서 그들이 해 뜰 때부터 해 질 때까지 고되게 일하지 않아도 되도록 해 주고 나서였다.

그렇다고 해서 계급 분열이 지금도 여전히 필요하다는 말은 아니다. 지난 세기[19세기]에는 과거 인류 역사에서 꿈도 꾸지 못했던 [엄청난] 생산[력] 발전이 있었다. 자연적 결핍은 극복됐(고, 지금 존재하는 것은 정부가 비축 식량을 파괴해서 생겨난 인위적 결핍이)다.

오늘날 계급사회는 인류의 진보를 가로막고 오히려 퇴보하게 만들고 있는 것이다.

순전히 농업 사회에서 도시 사회로 처음 바뀌었을 때만 새로운 계급 분열이 필연적으로 일어난 것은 아니었다. 부를 생산하는 새로운 방식이 발전하기 시작할 때마다 같은 과정이 되풀이됐다.

그래서 1000년 전 영국에서는 지배계급이 봉건귀족으로 이뤄져 있었고, 그들은 토지를 통제하며 농노들을 착취했다. 그러나 무역이 대규모로 발전하기 시작하면서 봉건귀족과 나란히 부유한 상인이라는 특권계급이 도시에서 새롭게 성장했다. 그리고 공업이 상당한 규모로 발전하기 시작하자 이번에는 산업자본가들이 부유한 상인들의 권력에 도전했다.

사회 발전의 각 단계마다 육체노동으로 부를 창조하는 피억압 계급과 그 부를 통제하는 지배계급이 있었다. 그러나 사회가 발전하면서 억압자와 피억압자 모두 변화를 겪었다.

고대 로마의 노예제사회에서 노예는 지배계급의 개인 재산이었다. 노예 주인은 노예를 소유하고 있다는 이유로 노예가 생산한 재화도 소유했다. 젖소를 소유하고 있다는 이유로 그 젖소의

우유도 소유한 것과 꼭 마찬가지였다.

중세 봉건제 사회에서는 농노가 자기 토지를 갖고 있었고 그 토지에서 생산한 것도 소유했지만, 이 토지를 가진 대가로 해마다 상당 기간을 봉건영주의 토지에서 노동해야 했다. 농노의 노동시간은, 예컨대 절반은 봉건영주를 위해 일하고 나머지 절반은 자신을 위해 일하는 식으로 나뉘었다. 농노가 영주를 위해 일하기를 거부하면, 영주는 태형과 투옥 또는 더 악독한 방법으로 농노를 처벌할 수 있었다.

현대 자본주의 사회에서 사용자는 노동자의 신체를 소유하지도 않고, 노동자가 사용자를 위해 무보수 노동을 하기를 거부할 경우 신체적 처벌을 할 권리도 없다. 그러나 사용자는 공장을 소유하고, 노동자는 먹고살려면 그 공장에서 일자리를 구해야 한다. 따라서 사용자는 노동자가 공장에서 만드는 상품의 가치보다 훨씬 적은 임금을 받도록 강요하기가 매우 쉽다.

이 모든 경우에 억압하는 계급은 노동자들의 가장 초보적인 필요를 충족시켜 주고 남은 모든 부를 통제한다. 노예 주인은 자기 재산을 좋은 상태로 유지하고 싶어 하므로 자기 노예를 먹여 살린다. 그것은 마치 사람들이 차에 기름을 넣는 것과 꼭 마찬가지다. 그러나 노예의 육체적 필요를 충족시키고 남은 것은 모두 노예 주인의 즐거움을 위해 사용된다. 봉건사회의 농노는 자신의 땅뙈기에서 하는 노동으로 자신이 먹을 것과 입을 것을 생산해야 한다. 그가 영주의 땅에서 하는 추가 노동[으로 생산하는 것]은 모두 영주가 차지한다.

현대의 노동자는 보수를 임금으로 받는다. 노동자가 창조하는 그 밖의 부는 모두 이윤·이자·지대 형태로 사용자 계급이 가져간다.

계급투쟁과 국가

노동하는 사람들이 자신의 운명을 순순히 받아들이고 반격하지 않는 경우는 드물었다. 고대 이집트와 로마에서는 노예 반란이 있었고, 중국 제국에서는 농민반란이 있었으며, 고대 그리스·로마와 르네상스 시대 유럽에서는 부자와 빈민 사이에 내전이 벌어졌다.

바로 그 때문에 카를 마르크스는 자신의 소책자 《공산당 선언》의 첫머리에서 다음과 같이 주장했던 것이다. "지금까지 존재한 모든 사회의 역사는 계급투쟁의 역사였다." 문명의 성장은 한 계급이 다른 계급을 착취하는 것에, 따라서 두 계급 간의 투쟁에 의존했다.

이집트 파라오나 로마 황제, 중세의 군주가 아무리 강력했더라도, 그들이 아무리 사치스럽게 생활했더라도, 그들의 궁전이 아무리 웅장했더라도, 가장 비참한 농민이나 노예가 기른 농작물을 자신들의 소유로 확실히 만들지 못했다면 아무것도 할 수 없었을 것이다. 그들이 그렇게 할 수 있으려면, 계급 분열과 함께 뭔가 다른 것도 성장해야만 했다. 그것은 바로 그들 자신과 지지자들이 폭력 수단을 통제하는 것이었다.

초기 사회들에는 주민의 다수와 괴리된 군대나 경찰, 정부 기구 따위가 없었다. 약 50~60년 전만 해도, 예컨대 아프리카의 일부 지역에서는 그런 사회들을 여전히 찾아볼 수 있었다. 지금 우리 사회에서 국가가 하는 많은 일을 그런 사회에서는 그냥 주민 전체나 대표자 회의가 비공식적으로 처리했다.

그런 회의에서는 중요한 사회적 규칙을 위반한 것으로 여겨지는 개인의 행위도 심판했다. 처벌은 공동체 전체가 실행했다(예컨대, 악한을 추방하기). 필요한 처벌에 모든 사람이 동의했으므로 처벌을 집행하기 위해 따로 경찰이 필요하지도 않았다. 전쟁이 벌어지면, 유사시를 대비해 선발된 지도자들을 따라서 모든 젊은 남성이 전쟁에 참여했다. 군대 체계 같은 것 역시 따로 필요하지 않았다.

그러나 소수가 부의 대부분을 통제하는 사회가 되면, 이렇게 간단히 '법질서'를 유지하고 전쟁을 조직하는 방식이 더는 작용할 수 없다. 대표자 회의가 열리거나 무장한 청년들이 집결하면 반드시 계급에 따라 분열이 일어날 것이기 때문이다.

특권 집단이 살아남으려면, 형벌과 법률을 만들고 집행하는 일이나 군대를 조직하는 일, 무기를 생산하는 일 등을 독점해야만 한다. 따라서 계급 분열은 재판관, 경찰, 보안경찰, 군 장성, 국가 관료 집단의 성장을 수반했다(이런 집단은 모두 특권계급의 지배를 보호해 주는 대가로 특권계급이 가진 부의 일부를 얻었다).

이런 '국가'에서 '사병'으로 복무하는 사람들은 '상관'의 명령에 무조건 복종하도록 훈련받았고, 피착취 대중과 맺고 있던 정상적인 사회적 유대 관계는 모두 단절됐다. 국가는 특권계급의 수중에서 살인 기계로 발전했다. 그것도 매우 효율적인 살인 기계가 될 수 있었다.

물론 이 살인 기계를 운영하는 장군들은 흔히 특정 황제나 왕과 사이가 틀어지면 스스로 황제나 왕이 되려고 했다. 괴물을 무장시킨 지배계급은 흔히 그 괴물을 통제할 수 없었다. 그러나 살인 기계를 계속 가동하는 데 필요한 부는 노동 대중을 착취해서 얻은 것이었기 때문에, 장군의 반란이 일어난 뒤에도 사회는 항상 기존 방식대로 지속됐다.

유사 이래 사회가 더 낫게 바뀌기를 정말로 원하는 사람들은 단지 특권계급의 반대에만 부딪힌 것이 아니라, 그 특권계급의 이익에 봉사하는 무장 기구인 국가의 억압에도 부딪혔다.

지배계급과 지배계급을 뒷받침하는 성직자·장군·경찰·사법제도 등이 성장한 이유는 무엇보다도 그들이 없었다면 문명이 발전할 수 없었기 때문이다. 그러나 일단 지배계급의 권력이 확립되면, 문명이 더 발전하지 못하도록 막는 것이 그들에게 이익이 된다. 그들의 권력은 부를 생산하는 사람들이 그 부를 지배계급에게 순순히 넘겨주도록 강요할 수 있는지 없는지에 달려 있다. 그들은 부에 대한 통제력을 잃게 될까 봐 두려워서 새로운 생산방식이 낡은 방식보다 더 효율적일지라도 새로운 방식을 경계하게 된다.

그들은 피착취 대중의 주도력과 독립성을 발전시키는 데 도움이 되는 것은 무엇이든 두려워한다. 또, 신흥 특권 집단이 성장해서 독자적으로 무기와 군대를 보유할 수 있을 만큼 충분한 부를 가지게 되는 것도 두려워한다. 어느 단계를 넘어서면, 지배계급은 생산의 발전을 도와주기는커녕 방해하기 시작했다.

예컨대, 중국 제국에서 지배계급의 권력은 토지를 소유하는 것과 (관개나 홍수 방지에 필수적인) 수로와 제방을 통제하는 능력에 의존했다. 이런 토지 소유와 수로·제방 통제가 약 2000년 동안 지속된 문명의 토대가 됐다. 그러나 이 중국 제국 시대의 말기에도 생산의 발전 수준은 초기보다 별로 높지 않았다 (비록 유럽이 중세암흑기에서 벗어나지 못하고 있는 동안에도 중국에서는 예술이 꽃피고 인쇄술과 화약 등이 발명됐지만 말이다).

그 이유는 새로운 생산방식의 발전을 주도한 것이 도시의 수 공업자들과 상인들이었기 때문이다. 중국 제국의 지배계급은 이렇게 자신들의 통제를 완전히 받지 않는 사회집단의 힘이 커 지는 것을 두려워했다. 그래서 황제의 정부는 도시 경제가 성장 하는 것을 억압하고 생산을 억제하고 신흥 사회계급들의 힘을 파괴하는 가혹한 조치를 주기적으로 취했다.

새로운 생산력(부를 생산하는 새로운 방식)의 성장이 기존 지 배계급의 이해관계와 충돌한 것이다. 그래서 투쟁이 벌어졌고, 그 투쟁 결과에 따라 사회 전체의 미래가 결정됐다.

때로는 그 결과가, 중국에서 그랬듯이 새로운 생산방식의 성 장이 저지된 것이었다. 그러면 사회는 매우 오랫동안 거의 정체 하다시피 했다.

때로는 로마제국에서 그랬듯이 새로운 생산방식이 발전하지 못한 탓에 부가 충분히 생산되지 않아 낡은 방식으로는 사회를 유지할 수 없게 됐다. 그래서 결국 문명이 붕괴했고 도시는 파 괴됐으며 사람들은 소박한 농업 사회로 되돌아갔다.

때로는 새로운 생산방식에 바탕을 둔 신흥계급이 잘 조직돼 서, 옛 지배계급(과 함께 그들의 사법제도·군대·이데올로기·종 교 등)을 약화시키고 마침내 전복하는 데 성공했다. 그러면 사 회는 진보할 수 있었다.

이 각각의 경우에 사회가 진보할지 퇴보할지는 계급 전쟁에서 누가 이기는지에 달려 있었다. 그리고 모든 전쟁과 마찬가지로 계급 전쟁에서도 누가 승리할지는 미리 정해져 있는 것이 아니라, 서로 싸우는 계급들의 조직과 응집력, 지도(력)에 달려 있었다.

4장
자본주의 체제는 어떻게 시작됐을까?

우리가 들을 수 있는 가장 터무니없는 주장 하나는 사회가 바뀐다고 하더라도 지금과 차이가 없을 것이라는 말이다. 그러나 사회는 바뀌었다. 그것도 지구 반대편 어디에서가 아니라, 바로 이 나라[영국]에서 그리 오래되지 않은 과거에 그랬다. 겨우 250년 전의 사람들에게 오늘날 우리가 살고 있는 세계를 묘사했다면, 즉 대도시와 대공장이 즐비하고 비행기가 날아다니고 인간이 우주를 탐험하는 모습을 얘기해 줬다면 아마 미쳤다고 했을 것이다. 심지어 철도 체계조차 그들은 상상하지 못했을 것이다.

왜냐하면 그들이 살던 사회는 압도적으로 농촌 사회였기 때문이다. 즉, 그들의 대다수는 마을 밖으로 16킬로미터를 벗어나 본 적이 없고, 수천 년 동안 그랬듯이 계절의 변화에 따라 생활양식이 결정되는 사회에서 살았다.

그러나 이미 700~800년 전에 시작된 발전이 결국은 이 사회 체제 전체에 도전하게 됐다. 수공업자와 상인 집단들이 도시에

자리 잡기 시작했고, 그들은 여느 중세 사람들과 달리 특정 영주에게 무보수로 서비스를 제공하지 않고 여러 영주나 농노에게 자신의 생산물을 제공하는 대가로 식량을 얻었다. 점차 그들은 귀금속을 그런 교환의 척도로 사용했다. 모든 교환 행위에서 귀금속을 약간 더 얻을 기회, 즉 이윤을 얻을 기회를 발견한 것은 그리 대단한 발전이 아니었다.

처음에 도시들은 이 영주와 저 영주가 서로 싸우[느라 도시민에 대한 착취와 억압을 강화하지 못하]게 만들어서만 살아남을 수 있었다. 그러나 도시 수공업자들의 기술이 향상됨에 따라 그들은 더 많은 부를 창조했고 영향력도 커졌다. '시민', '부르주아', 즉 '중간계급'은 중세 봉건사회 내의 한 계급으로서 시작됐다. 그러나 그들이 부를 얻는 방식은 중세 사회를 지배한 봉건영주들과 매우 달랐다.

봉건영주는 자기 토지에서 일하는 농노들이 생산한 농산물로 먹고살았다. 그는 자신의 개인적 권력을 이용해서 농노들이 그렇게 하도록 강요했고 그 대가를 지급할 필요도 없었다. 이와 달리 도시의 더 부유한 계급들은 공산품을 팔아서 먹고살았다. 그들은 자신을 위해 공산품을 생산하는 노동자들에게 일당이나 주급 형태의 임금을 지급했다.

이 노동자들은 흔히 [농촌에서] 도망친 농노였는데, 어디든 원하는 곳으로 '자유롭게' 오고 갈 수 있었다(일단 그들이 받은 임금의 대가로 노동을 끝마치고 나면 그랬다). 그 노동자들에게 노동을 '강요'하는 유일한 요인은 만약 누군가에게 고용돼 일하지 않으면 굶어 죽을 수밖에 없는 현실이었다. 부자가 더 부유해질 수 있었던 것은, 그렇게 '자유로운' 노동자가 굶어 죽지 않으려면 자신이 생산한 상품의 가치보다 더 적은 돈을 받고 노동하는 것을 받아들일 수밖에 없었기 때문이었다.

이 문제는 나중에 다시 살펴볼 것이다. 지금 중요한 점은 중간계급 시민과 봉건영주는 부의 원천이 서로 달랐다는 사실이다. 이 때문에 그들이 원하는 사회 조직 방식도 서로 달랐다.

봉건영주가 생각하는 이상적 사회는 자신의 땅에서 자신이 절대 권력을 휘두르고, 성문법의 제약이나 외부 기구의 간섭도 전혀 없고, 농노들은 결코 도망칠 수 없는 그런 사회였다. 봉건영주는 자기 아버지나 할아버지 시대와 다를 바 없는 상황이 지속되기를 바랐고 모든 사람이 타고난 사회적 지위를 순순히 받아들이기를 원했다.

신흥 부르주아지는 생각이 다를 수밖에 없었다. 그들은 봉건영주나 국왕이 자신의 사업에 간섭하거나 자신의 부를 훔쳐 가지 못하도록 그 권력을 제한하고 싶었다.

그들은 확고한 성문법을 통해, 즉 자신들이 선출한 대표가 제정하고 집행하는 법률을 통해 봉건영주나 국왕의 권력을 제한하려 했다. 또 부르주아지는 가난한 농노들을 신분제의 굴레에서 해방시켜 그들이 도시에서 일할 수 있게 (그래서 부르주아지의 이윤을 증대시켜 줄 수 있게) 만들고 싶었다.

부르주아지 자신들로 말하자면, 그들의 아버지와 할아버지는 흔히 봉건영주가 시키는 대로 해야 했지만, 그들 자신은 그런 상황이 지속되기를 결코 원하지 않았다.

한마디로 부르주아지는 사회혁명을 원했다. 부르주아지와 구질서의 충돌은 단지 경제적인 것만이 아니라, 이데올로기적·정치적인 것이기도 했다. 여기서 이데올로기적이라는 말의 주된 의미는 종교적이라는 것이었다. 글을 모르는 사람이 압도적으로 많은 당시 사회에서 사람들은 사회에 관한 일반적 견해를 주로 교회의 설교에서 얻었기 때문이다.

중세에 교회를 다스리는 주교와 수도원장 자신이 일종의 봉건영주였기 때문에, 교회는 봉건제를 지지하는 견해를 선전했고 도시 부르주아지의 많은 관행을 '죄악'이라고 비난했다.

그래서 16~17세기에 독일·네덜란드·영국·프랑스 같은 곳에서는 중간계급[부르주아지]이 독자적으로 종교를 만들어 그 주위로 결집했다. 개신교(프로테스탄트)라는 이 종교의 이데올로기는 검약·절제·근면(특히 노동자의 근면!)을 설파하고 중간계급 신도들이 주교와 수도원장의 권력에서 독립적이어야 한다고 주장했다.

중간계급은 중세의 신과는 다른, 자신들의 모습을 닮은 신을 만들어 낸 것이다.

오늘날 학교나 텔레비전에서는 당시의 중요한 종교전쟁과 내전이 단지 종교적 차이 때문에 일어난 것인 양, 마치 사람들이 너무 어리석어서 단지 성찬식에서 그리스도의 피와 살이 어떤 구실을 하는지에 관한 이견 때문에 서로 싸우다가 죽은 것인 양 이야기한다. 그러나 당시의 전쟁들에는 훨씬 더 많은 것이 걸려 있었다. 즉, 부의 생산을 조직하는 서로 다른 방식에 바탕을 둔, 완전히 다른 두 사회 형태가 충돌했던 것이다.

영국에서는 부르주아지가 승리했다. 현재의 영국 지배계급은 끔찍한 일처럼 여기겠지만, 그들의 선조는 국왕의 머리를 베어서 자신들의 권력을 신성하게 했고, 구약성서에 나오는 예언자들의 규탄으로 자신들의 행동을 정당화했다.

그러나 다른 나라에서는 첫 대결의 승자가 봉건귀족이었다. 프랑스와 독일에서는 격렬한 내전 끝에 개신교도 부르주아 혁명가들이 전멸했다(비록 독일 북부에서는 개신교가 봉건적 성격을 띤 채 살아남았지만* 말이다). 부르주아지는 200년 넘게

---

* 이른바 '종교개혁'을 시작했다고 알려진 마르틴 루터는 그 '종교개혁'이 독일 농민들의 반란으로 확대되자 귀족들이 농민반란을 무자비하게 진압하는 것을 지지하고 고무하면서 봉건적 질서와 타협했다. 그래서 기독교가 원래 로마제국의 위기에 대한 반발로서 등장했다가 나중에는 그 제국의 이데올로기로 변신했듯이, 독일 봉건제의 위기에 대한 반발로서 등장한 개신교가 이제는 농민들이 농노로 되돌아가야 했던 독일 북부의 공식 신앙이 됐다.

기다렸다가 1789년 프랑스 파리에서 종교의 외피를 두르지 않은 채 시작된 두 번째 대결[프랑스 대혁명]에서 마침내 승리할 수 있었다.

착취와 잉여가치

노예제 사회와 봉건제 사회에서는 상층계급들이 노동 대중을 법적으로 통제할 권한이 있어야 했다. 그렇지 않으면, 봉건영주나 노예 주인을 위해 일하는 사람들이 도망쳤을 것이고, 그러면 특권계급을 위해 노동할 사람이 아무도 없었을 것이기 때문이다.

그러나 자본가는 대체로 노동자의 인신에 대한 그런 **법률적** 통제권이 필요하지 않다. 자본가를 위해 일하기를 거부하는 노동자가 굶어 죽을 것이 확실하다면, 자본가는 노동자를 굳이 소유할 필요가 없다. 자본가는 노동자를 소유하지 않고 노동자의 생계 원천, 즉 기계와 공장 등을 소유하고 통제한다면 번영을 누릴 수 있는 것이다.

물질적 생활필수품을 생산하는 것은 인간의 노동이다. 그러나 인간의 노동은 토지를 경작할 도구나 자연에서 발견되는 원료를 가공할 도구가 없다면 거의 쓸모가 없다. 그런 도구는 엄청나게 다양하다. 즉, 쟁기나 괭이 같은 단순한 농기구부터 현대의 자동화한 공장에서 볼 수 있는 복잡한 기계까지 아주 다양하다. 그러나 이런 도구들이 없다면 아무리 숙련된 노동자라도 육체적 생존에 필요한 것들을 생산할 수 없을 것이다.

현대의 인간과 석기시대 우리 조상들의 차이는 바로 이런 도구들(보통 '생산수단'이라고 부른다)의 발전이다. 자본주의는 이런 생산수단을 소수가 소유하는 것에 바탕을 둔다. 예컨대, 오늘날 영국에서는 인구의 1퍼센트가 산업체의 주식과 채권 84퍼센트를 소유한다. 대다수의 생산수단(기계, 공장, 유전, 최상의 경작지 등)에 대한 실질적 통제권이 그들의 수중에 집중돼 있다. 인구의 대다수는 그런 생산수단으로 노동을 할 수 있도록 자본가들이 허용해야만 겨우 생계를 유지할 수 있다. 그 덕분에 자본가는 다른 사람들의 노동을 착취할 수 있는 엄청난 힘을 갖게 된다(비록 법 앞에 '만인은 평등하다'고 떠들어 대지만 말이다).

자본가들이 생산수단에 대한 독점적 통제권을 구축하는 데는 수백 년이 걸렸다. 예컨대, 이 나라[영국]에서는 17세기와 18세기에 처음으로 의회가 공유지를 사유지로 만드는 것을 허용하는 인클로저 법령을 잇따라 통과시켜야 했다. 그 법령에 따라 농민들은 자신의 생산수단, 즉 그들이 수백 년 동안 대대로 경작해 온 토지에서 쫓겨났다. 토지는 일부 자본가계급의 재산이 됐고, 대다수 농촌 주민들은 어쩔 수 없이 자본가에게 자신의 노동[력]을 팔거나 아니면 굶어 죽어야 했다.

이렇게 생산수단을 독점하게 된 자본가들은 주민의 다수에게도 외관상의 자유와 (자본가들과) 평등한 정치적 권리를 허용할 여유가 생겼다. 왜냐하면 아무리 '자유로운' 노동자라도 먹고살려면 여전히 [임금]노동을 해야만 했기 때문이다.

자본주의를 옹호하는 경제학자들은 당시 일어난 일을 아주 단순하게 설명한다. 그들은 자본가가 노동자에게 임금을 주고 노동을 산다고 말한다. 자본가는 공정한 가격으로 노동을 사야 한다. 그러지 않으면 노동자는 다른 자본가에게 가서 일을 할 것이기 때문이다. 즉, 자본가는 '공정한 임금'을 지급하고 그 대가로 노동자는 '공정한 노동'을 제공해야 한다는 것이다.

그렇다면 자본주의를 옹호하는 경제학자들은 이윤을 어떻게 설명하는가? 그들의 주장인즉, 이윤은 자본가가 생산수단(자본)을 사용할 수 있도록 허용한 '희생'의 대가로 얻는 '보상'이라는 것이다. 그러나 이 문제를 조금이라도 생각해 본 노동자라면 그런 주장을 결코 수긍할 수 없을 것이다.

'순이윤율'이 10퍼센트라고 발표한 기업이 있다고 치자. 그 기업이 소유한 모든 기계와 공장 등의 비용이 1억 파운드라면, 해마다 마모되는 기계를 대체하는 비용[감가상각비]과 임금과 원료비를 지급하고 남은 이윤이 1000만 파운드일 것이다.

10년 후 그 기업의 총이윤이 1억 파운드(원래 투자 비용 전액)가 될 것이라는 사실은 삼척동자라도 알 수 있다.

만약 이윤이 '희생'의 대가로 얻는 '보상'이라면 분명히 10년 후에는 모든 이윤이 중단돼야 한다. 왜냐하면 그때쯤 자본가는 처음에 투자한 돈을 모두 회수하기 때문이다. 그러나 실제로는 자본가의 재산이 갑절로 불어난다. 그는 원래 투자한 돈과 그동안 축적된 이윤을 모두 소유한다.

그동안에 노동자들은 하루에 8시간씩, 1년에 48주 동안 공장에서 일하면서 자기 삶의 에너지를 대부분 희생한다. 10년 후 노동자들의 재산도 처음의 갑절로 불어나는가? 절대 그렇지 않다. 비록 노동자가 근면 성실하게 일하고 열심히 저축하더라도 컬러텔레비전, 보일러 같은 난방설비, 중고차 이상은 살 수 없을 것이다. 노동자가 자신이 일하는 공장을 살 수 있을 만큼 많은 돈을 모으기는 불가능할 것이다.

'공정한 임금과 공정한 노동의 교환'으로 자본가의 자본은 크게 늘어났지만, 노동자는 자본을 모으지도 못했고 거의 똑같은 임금을 받고 계속 일하는 것 말고는 달리 선택의 여지가 없다. 자본가와 노동자의 '평등한 권리'가 불평등을 증대시킨 것이다.

카를 마르크스의 위대한 발견 하나는 이렇게 변칙처럼 보이는 현상을 설명했다는 것이다. 자본가가 자기 노동자들에게 그 노동의 가치를 전액 다 지급하도록 강요하는 [법률적] 장치 따위는 없다. 예컨대, 오늘날 기계 공장에서 일하는 노동자가 매주 400파운드어치의 생산물을 새로 만들어 낸다고 치자. 그렇다고 해서 그 노동자가 임금으로 400파운드 전액을 받는 것은 아니다. 십중팔구 그의 임금은 상당히 적을 것이다.

노동자가 일하러 가지 않는다면, 그 대안은 굶주리는 것이다(아니면 실업급여로 받는 쥐꼬리만 한 돈으로 살아가야 한다). 그래서 노동자는 자기 생산물의 가치 전액을 요구하지 않고, 그럭저럭 괜찮은 생활수준을 유지할 수 있을 만큼만 요구하는 것이다. 노동자가 받는 임금은 그의 모든 노력, 즉 일을 할 수 있는 그의 모든 능력(마르크스가 '노동력'이라고 부른 것)을 날마다 자본가가 마음대로 써먹을 수 있게 해 주는 수준을 넘지 못한다.

자본가의 관점에서 보면, 노동자들이 계속 일할 수 있도록 건강을 유지하고 그들의 자녀를 양육해서 다음 세대의 노동자로 만들기에 충분한 수준으로 임금을 준다면 노동력의 대가로 공정한 임금을 지급하는 셈이다. 그러나 노동자들이 일할 수 있도록 건강을 유지하는 데 필요한 부의 크기는 그들의 노동으로 생산할 수 있는 부의 크기보다 상당히 작다. 즉, 노동력의 가치는 노동이 만들어 내는 가치보다 상당히 작다.

그 차액은 자본가의 주머니로 들어간다. 이것을 두고 마르크스는 '잉여가치'라고 불렀다.

자본의 자기 증식

현 체제를 옹호하는 사람들의 저작을 읽다 보면 곧 그들이 이상한 신념 하나를 공유하고 있다는 사실을 알게 될 것이다. 그들은 모두 돈에 마법 같은 속성이 있어서, 동물이나 식물처럼 자랄 수 있다고 생각한다는 것이다.

자본가는 은행에 돈을 맡길 때 그 돈의 액수가 늘어날 것을 기대한다. 그가 임페리얼케미컬인더스트리ICI나 유니레버 같은 대기업의 주식에 투자할 때는 그 투자금이 해마다 새로운 돈을 '새끼 쳐서' 배당금 형태로 보상받을 수 있기를 바란다. 카를 마르크스는 이런 현상을 '자본의 자기 증식'이라고 부르고 그런 일이 어떻게 가능한지를 설명했다. 앞서 봤듯이, 마르크스의 설명은 돈으로 시작하는 것이 아니라, 노동과 생산수단으로 시작한다. 오늘날의 사회에서 재산이 많은 사람은 생산수단에 대한 통제권을 살 수 있다. 그래서 그 생산수단을 가동하는 데 필요한 노동을 다른 사람들이 자기에게 팔도록 만들 수 있다. '자본의 자기 증식'의 비밀, 즉 돈을 많이 가진 사람에게 돈이 기적처럼 불어날 수 있는 비밀은 바로 이 노동을 사고파는 데 있다.

예컨대, 잭이라는 노동자가 브라우닝 브라운 경이라는 자본가에게 고용됐다고 치자. 잭이 8시간 노동을 하면 부가 더 늘어날 것이다(그렇게 추가된 부의 가치가 48파운드라고 치자). 그러나 잭은 그보다 훨씬 적은 돈을 받고도 기꺼이 일을 할 것이다. 안 그랬다가는 실업자가 될 테니까 말이다. 자본주의를 옹호하는 국회의원들, 예컨대 보수당의 피터 릴리 같은 역겨운 자들의 노력 때문에 잭이 자신과 가족을 부양하기 위해 받을 수 있는 실업급여는 하루 12파운드에 불과할 것이다. 릴리 같은 자들은 실업급여가 더 많아지면 사람들이 '노동을 할 동기가 사라질 것'이라고 떠들어 댄다.

잭이 하루에 12파운드 이상을 벌고 싶다면 일을 할 수 있는 자신의 능력, 즉 노동력을 팔아야만 한다. 비록 그가 하루에 8시간 일을 해서 창조할 수 있는 부의 가치 48파운드에 훨씬 못 미치는 돈을 받더라도 그렇게 해야 한다. 그는 아마 하루 평균 임금 28파운드를 받더라도 기꺼이 일을 할 것이다. 그 차액, 즉 20파운드는 날마다 브라우닝 경의 주머니로 들어간다. 그것이 브라우닝 경의 잉여가치다.

브라우닝 브라운 경은 무엇보다도 생산수단에 대한 통제권을 살 수 있을 만큼 충분한 부를 소유했기 때문에, 자신이 고용한 모든 노동자한테서 하루에 20파운드씩 잉여가치를 뽑아내서 점점 더 부유해질 수 있다. 그의 돈이 계속 불어나는 것, 즉 그의 자본이 증식하는 것은 어떤 자연법칙 때문이 아니라, 그가 생산수단을 통제할 수 있어서 다른 사람의 노동을 싸게 살 수 있기 때문이다.

물론 브라우닝 경이 반드시 잉여가치 20파운드를 몽땅 독차지하는 것은 아니다. 그는 공장이나 토지를 빌렸을 수도 있고, 초기 투자금의 일부를 다른 지배계급한테 빌렸을 수도 있다. 그 대가로 그들은 브라우닝 경이 얻은 잉여가치의 일부를 요구할 것이다. 그래서 아마 브라우닝 경은 임대료·이자·배당금으로 10파운드를 그들에게 떼어 주고 자신은 10파운드만을 이윤으로 챙기게 될 것이다.

배당금으로 먹고사는 자들은 십중팔구 평생 동안 잭이라는 노동자를 한 번도 못 봤을 것이다. 그렇지만 그들에게 소득을 가져다주는 것은 돈의 신비한 능력이 아니라, 잭의 피땀 어린 노동이다. 배당금·이자·이윤은 모두 잉여가치에서 나온다.

잭이 일을 한 대가로 얼마를 받을지는 어떻게 결정될까? 사용자는 임금을 최대한 적게 주려고 할 것이다. 그러나 실제로는 임금이 더는 내려갈 수 없는 한계가 있기 마련이다. 이런 한계 중에는 물리적인 것도 있다. 즉, 노동자에게 너무 형편없는 임금을 줘서 노동자가 영양실조에 걸리거나 기운이 없어서 제대로 일을 못하게 되는 사태가 벌어져서는 안 된다. 또 노동자들은 출퇴근도 할 수 있어야 하고, 밤에는 쉴 집도 있어야 한다. 안 그러면 다음 날 노동자가 기계 앞에서 잠들어 버릴 것이기 때문이다.

이런 관점에서 보면, 노동자들이 '약간의 사치'라고 생각하는 것, 즉 저녁에 일 끝나고 맥주 한잔하거나 텔레비전을 보거나 가끔 휴가를 갈 수 있도록 돈을 더 주는 것도 자본가에게는 그럴 만한 가치가 있는 일이다. 이 모든 것은 노동자가 활기를 되찾고 더 열심히 일할 수 있도록 해 주기 때문이다. 이것들은 모두 노동자의 노동력을 재충전하는 데 도움이 된다. 임금이 '너무 낮게 유지되면' 노동생산성도 떨어진다는 사실은 중요하다.

자본가가 걱정해야 하는 것이 또 있다. 현재의 노동자들이 죽은 뒤에도 자본가의 기업은 오랫동안 영업을 할 것이다. 그러려면 현재 노동자의 자녀들의 노동이 필요할 것이다. 따라서 노동자의 자녀들을 양육하는 데 필요한 돈도 줘야 한다. 또 국가가 교육제도를 통해 노동자의 자녀들에게 (읽기와 쓰기 같은) 일정한 기술들을 가르치도록 확실히 해 둬야 한다.

사실, 노동자가 생각하는 '괜찮은 임금'이 어느 정도인가 하는 것도 중요한 문제다. 그런 수준보다 상당히 낮은 임금을 받는 노동자는 자기 일을 '쓸모없는 것'이라고 생각해서 일자리를 잃든 말든 신경 쓰지 않을 것이기 때문이다.

노동자의 임금을 결정하는 이 모든 요인들에는 공통점이 하나 있다. 그것들은 모두 자본가가 매시간 구매하는 노동력, 즉 노동자의 생기와 활력이 유지될 수 있도록 보장해 줘야 한다는 것이다. 노동자들은 자신과 가족이 먹고살 수 있고 자신이 노동하기에 적합한 상태를 유지할 만큼의 비용을 임금으로 받는다.

오늘날의 자본주의 사회에서는 한 가지를 더 지적해야 한다. 그것은 바로 엄청나게 많은 부가 경찰과 군대 따위에 쓰인다는 것이다. 경찰과 군대는 국가가 자본가계급의 이익을 위해 사용하는 것들이다. 경찰과 군대는 비록 국가가 운영하지만, 사실은 자본가계급의 것이다. [노동자가 생산한 가치 중에 세금으로 징수돼서] 경찰과 군대를 위해 쓰이는 가치는 (노동자들이 아니라) 자본가들의 것이다. 즉, 그것은 잉여가치의 일부인 것이다.

따라서 잉여가치 = 이윤 + 지대[임대료] + 이자 + (경찰·군대 등에 대한) 정부 지출이다.

5장
상품의 가치는 어떻게 정해질까?

"그러나 노동뿐 아니라 기계, 즉 자본도 상품을 생산한다. 그렇다면 생산된 부에서 자본도 한몫을 받는 것은 당연하다. 모든 생산요소는 보상을 받아야 한다."

이것은 자본주의를 옹호하는 경제학을 약간 배운 사람들이 마르크스주의의 착취·잉여가치 분석을 반박할 때 하는 말이다. 그리고 언뜻 보면 이런 반론은 꽤 그럴듯하게 들린다. 자본이 없다면 상품을 생산할 수 없다는 것은 분명하지 않은가?

마르크스주의자들은 자본이 없어도 상품을 생산할 수 있다고 결코 주장하지 않았다. 그러나 우리의 출발점은 약간 다르다. 우리는 다음과 같은 물음으로 시작한다. 자본은 어디서 생겨났을까? 생산수단은 처음에 어떻게 해서 존재하게 됐을까?

그 답을 찾기는 어렵지 않다. 역사적으로 인간이 부를 창조하는 데 사용한 모든 것은 (신석기시대의 돌도끼든 현대의 컴퓨터든) 먼저 인간의 노동으로 만들어져야 했다. 그 돌도끼를 만드는 데 도구가 사용됐다고 하더라도 그 도구 역시 이전 노동의 산물이었다.

그래서 마르크스가 생산수단을 일컬어 '죽은 노동'이라고 한 것이다. 자신이 소유한 자본을 자랑하는 기업인은 사실 이전 세대들의 막대한 노동이 집약된 것에 대한 통제권을 얻었다고 자랑하는 것이다. 그리고 그 막대한 노동은 물론 그 기업인의 조상이 한 노동을 의미하지 않는다. 왜냐하면 그 조상들이 지금 그 기업인보다 훨씬 많은 노동을 한 것은 아니기 때문이다.

노동이 부의 원천이라는 생각(흔히 '노동가치론'이라고 부른다)은 원래 마르크스가 발견한 것이 아니었다. 마르크스 시대까지만 하더라도 자본주의를 옹호하는 위대한 경제학자들이 모두 노동가치론을 받아들였다.

스코틀랜드 경제학자 애덤 스미스나 잉글랜드 경제학자 데이비드 리카도 같은 사람들은 산업자본주의 체제가 아직 성숙하기 전에, 즉 프랑스 혁명 직전과 직후에 저술 활동을 했다. 당시 자본가들은 아직 지배계급이 아니었고, 따라서 지배계급이 되려면 자신들이 가진 부의 진정한 원천을 알아야 했다. 스미스와 리카도는 노동이 부를 창조하므로 자본가들이 부를 축적하려면 낡은 전前 자본주의적 지배자들의 통제에서 노동을 '자유롭게' 해 줘야 한다고 주장해서 자본가들의 이해관계에 기여했다.

그러나 머지않아 노동계급과 가까운 사상가들이 그 주장[노동가치론]을 스미스와 리카도의 친구들을 비판하는 데 사용하기 시작했다. [그 사상가들은 다음과 같이 주장했다.] 노동이 부를 창조한다면 노동은 자본도 창조한다. 따라서 '자본의 권리'는 강탈당한 노동의 권리일 뿐이다.

그러자 자본을 지지하는 경제학자들은 곧 노동가치론이 완전히 터무니없는 소리라고 일축하기 시작했다. 그러나 진리는 앞문으로 차 내면 뒷문으로 기어들어 오는 법이다.

라디오를 켜고 계속 듣고 있다 보면, 이런저런 전문가나 평론가가 영국 경제의 문제점이 무엇인지를 설명하는 말을 듣게 된다. 그들은 "사람들이 열심히 일하지 않는다"거나, 같은 말을 표현만 바꾼 것이지만 "[노동]생산성이 너무 낮다"고 떠들어 댄다. 이런 주장이 옳은지 틀린지는 잠시 제쳐 두고 주장을 제기하는 방식을 자세히 살펴보라. 그들은 결코 "기계가 열심히 일하지 않는다"고 말하지 않는다. 열심히 일해야 하는 것은 항상 **사람**, 즉 노동자들이다.

그들의 주장인즉, 노동자들이 더 열심히 일하기만 하면 더 많은 부가 창조될 것이고 그러면 새로운 기계에 더 많이 투자할 수 있다는 것이다. 이런 주장을 하는 사람들은 그들 자신은 모를지라도 더 많은 노동이 더 많은 자본을 창조한다고 실토하는 셈이다. 일, 즉 **노동**이 부의 원천이라는 사실을 인정하는 것이다.

예컨대, 내 주머니에 5파운드짜리 지폐가 있다고 치자. 왜 그것이 나에게 쓸모가 있는가? 어쨌든 그것은 인쇄된 종이 쪼가

리일 뿐인데 말이다. 그것이 나에게 가치가 있는 이유는 다른 누군가의 노동으로 만들어진 유용한 물건과 그 5파운드 지폐를 교환할 수 있다는 사실 때문이다. 사실 5파운드 지폐는 그만큼의 노동 생산물을 얻을 수 있는 권리를 나타낼 뿐이다. 5파운드 지폐 2장은 그 2배의 노동 생산물을 얻을 수 있는 권리를 나타내고, 3장으로는 3배의 노동 생산물을 얻을 수 있고, 기타 등등.

부를 측량한다는 것은 사실 그 부를 창조하는 데 들어간 노동을 측량하는 것이다.

물론 모든 사람이 일정 시간의 노동으로 똑같은 양을 생산하는 것은 아니다. 예컨대, 내가 책상을 만든다면 숙련된 목수보다 시간이 대여섯 배는 더 걸릴 것이다. 그러나 제정신을 가진 사람이라면 아무도 내가 만든 책상이 숙련된 목수의 책상보다 대여섯 배 더 가치 있다고 여기지는 않을 것이다. 사람들이 책상의 가치를 매기는 기준은 내가 아니라 숙련된 목수가 책상을 만드는 데 얼마나 많은 노동이 필요했는지다.

그 목수가 책상을 만드는 데 1시간이 걸린다고 치자. 그러면 사람들은 책상의 가치가 1시간의 노동과 맞먹는다고 말할 것이다. 그것은 현재 사회에서 보통의 기술 수준과 숙련도로 책상을 만드는 데 필요한 노동시간일 것이다.

이런 이유로 마르크스는 어떤 물건의 가치척도는 단지 한 개인이 그것을 만드는 데 들어간 시간이 아니라, 평균적 기술 수준과 평균적 숙련도로 일하는 개인이 그것을 만드는 데 걸린 시간이라고 주장했다. 그는 이런 평균 수준의 노동시간을 '사회적(으로) 필요(한) 노동시간'이라고 불렀다. 이 점이 중요한 이유는 자본주의에서는 기술 진보가 항상 일어나고 있고, 따라서 상품을 생산하는 데 필요한 노동[시간]이 점점 줄어들기 때문이다.

예컨대, 진공관으로 라디오를 만들었을 때 라디오는 매우 값비싼 품목이었다. 왜냐하면 진공관을 만들고 그것들을 연결해서 회로를 만들고 어쩌고 하는 데 많은 노동이 들었기 때문이다. 그러다가 트랜지스터가 발명됐다. 트랜지스터를 만들고 그것들을 연결해서 회로를 만드는 데는 훨씬 적은 노동이 들었다. 그러자 진공관 라디오를 만드는 공장에서 일하던 모든 노동자는 자신이 생산하는 라디오의 가치가 폭락했다는 것을 알게 됐다. 라디오의 가치가 더는 진공관으로 라디오를 만드는 데 필요한 노동시간에 따라 결정되지 않고 트랜지스터로 라디오를 만드는 데 필요한 노동시간에 따라 결정됐기 때문이다.

마지막으로 한마디만 더 하겠다. 어떤 상품들의 가격은 (매일 또는 매주) 크게 요동친다. 이런 가격 변화의 원인은 그 상품을 만드는 데 필요한 노동량의 변화[가치의 변화] 외에도 다른 많은 것들이 있을 수 있다.

브라질에 서리가 내려 모든 커피나무가 죽었을 때 커피 가격이 치솟았다. 전 세계적으로 커피가 부족해져서 사람들이 웃돈을 주고라도 커피를 사려고 했기 때문이다. 만약 내일 당장 천재지변이 일어나서 영국의 모든 텔레비전이 파괴된다면, 마찬가지로 텔레비전 가격도 치솟으리라는 것은 의심의 여지가 없다. 경제학자들이 '수요와 공급'이라고 부르는 것 때문에 끊임없이 그런 가격 변동이 일어난다.

이런 이유로, 자본주의를 옹호하는 많은 경제학자들은 노동 가치론이 터무니없는 소리라고 주장한다. 그들은 오직 수요와 공급만이 중요하다고 말한다. 그러나 이런 주장이야말로 터무니없는 소리다. 왜냐하면 이런 주장은 가격이 오르락내리락할 때 보통은 평균적 수준을 중심으로 오르내린다는 사실을 망각하기 때문이다. 바닷물의 높이는 밀물과 썰물 때문에 높아지기도 하고 낮아지기도 하지만, 그렇다고 해서 이른바 '평균해수면'이라는 일정한 기준을 중심으로 오르내린다고 말할 수 없는 것은 아니다.

마찬가지로, 가격이 날마다 오르락내리락한다는 사실이 곧 가격 변동의 기준이 되는 일정한 가치가 없다는 뜻은 아니다. 예컨대, 만약 모든 텔레비전이 파괴된다면 새로 생산된 첫 텔레비전은 수요가 매우 많을 것이므로 비싼 가격에 팔릴 것이다. 그러나 머지않아 점점 더 많은 텔레비전이 시장에 나와서 경쟁이 치열해지면 가격은 떨어질 수밖에 없을 것이다. 그래서 텔레비전을 만드는 데 필요한 노동시간으로 측정된 그 가치에 점점 더 가까워질 것이다.

경쟁과 축적

자본주의가 역동적·진보적 체제처럼 보이던 때가 있었다. 인류 역사의 대부분 기간에 대다수 사람들의 생활을 지배한 것은 고된 노동과 착취였다. 18~19세기에 출현한 산업자본주의도 이런 사정을 바꾸지는 못했다.

그러나 산업자본주의는 이런 착취와 고된 노동을 유용한 목적에 사용하는 듯했다. 소수의 기생적 귀족을 위한 사치품을 만들거나 죽은 군주의 호사스러운 무덤을 짓거나 황제의 어느 아들이 신에게 버림받은 황량한 땅을 지배해야 하는지를 두고 쓸데없는 전쟁을 벌이는 데 막대한 부를 낭비하지 않고, 산업자본주의는 더 많은 부를 창조하는 수단을 만드는 데 부를 사용했다. 자본주의가 발흥하는 시기는 공업과 도시, 운송 수단이 (이전의 인류 역사에서는 꿈도 꿀 수 없었던 규모로) 성장한 때였다.

오늘날에는 이상하게 들릴지 모르지만, [영국의] 올덤·핼리팩스·빙리 등지에서는 마치 기적 같은 일들이 일어났다. 인류 역사상 그토록 많은 면화와 양털이 수백만 명의 옷을 만들 수 있는 옷감으로 그토록 빨리 바뀐 적은 결코 없었다. 그런 일은 자본가들의 특별한 미덕 때문에 일어난 것이 아니었다. 자본가들은 항상 자신이 사용하는 노동의 대가를 최대한 적게 지급해서 자기 수중에 부를 쌓는 일에만 몰두하는, 상당히 해로운 사람들이었다.

이 점에서는 자본주의 이전의 많은 지배계급들도 자본가들과 비슷했다. 다만 이전의 지배계급들은 산업을 건설하지 않았을 뿐이다. 그러나 자본가들은 두 가지 중요한 점에서 그들과 달랐다.

첫째는 앞서 다룬 것인데, 자본가는 노동자를 소유하지 않았다는 점이다. 자본가는 노동자들이 일할 수 있는 능력, 즉 노동력을 사고 그 대가로 [노동]시간당 임금을 지급했다. 자본가들이 부린 것은 노예가 아니라 임금노예였다. 둘째, 자본가는 노동자들이 생산한 상품을 자신이 직접 소비하지 않았다. 봉건영주는 농노들이 생산한 고기·빵·치즈·와인을 직접 소비하며 살았다. 그러나 자본가는 노동자들이 생산한 상품을 다른 사람들에게 팔아서 먹고살았다.

이 때문에 노예 주인이나 봉건영주 개인이 마음대로 할 수 있는 자유보다 자본가 개인의 자유는 더 제한됐다. 상품을 팔기 위해 자본가는 최대한 싸게 생산해야 했다. 자본가는 자신이 소유한 공장 안에서는 거의 전능한 존재였다. 그러나 자본가가 자신의 능력을 마음대로 사용할 수 있는 것은 아니었다. 그는 다른 공장들과의 경쟁이라는 요구 앞에 굴복해야 했다.

우리의 친애하는 자본가 브라우닝 브라운 경의 사례로 다시 돌아가 보자. 그의 공장에서는 노동자들이 면화로 일정량의 천을 생산하는 데 10시간이 걸린 반면, 그 옆의 다른 공장에서는 노동자들이 똑같은 양의 천을 생산하는 데 5시간밖에 안 걸린다고 치자. 브라우닝 경은 자기 공장의 생산물에 10시간의 노동과 맞먹는 가격을 매길 수 없을 것이다. 제정신이 박힌 사람이라면 아무도 그 가격에 천을 사려고 하지는 않을 것이다. 길을 따라 조금만 더 가면 더 싼 천을 살 수 있기 때문이다.

업계에서 살아남고 싶은 자본가라면 누구나 자기 노동자들이 최대한 빨리빨리 일하게 만들어야 했다. 그러나 거기서 그치면 안 됐다. 자기 노동자들이 최신 기계로 일을 하게 만들어야 했다. 그래야 다른 자본가들을 위해 일하는 사람들의 노동보다 자기 노동자들의 노동이 시간당 더 많은 상품을 생산할 수 있었기 때문이다. 업계에서 퇴출당하고 싶지 않은 자본가는 점점 더 많은 생산수단을 소유해야 했다. 즉, 마르크스의 표현을 빌리면 자본을 축적해야 했다!

자본가들 사이의 경쟁이 만들어 내는 힘, 즉 시장 체제에서 벗어날 수 있는 자본가는 한 명도 없었다. 경쟁 때문에 자본가들은 항상 노동과정의 속도를 높여야 했고 최대한 많은 자본을 새로운 기계에 투자해야 했다. 그리고 새로운 기계에 투자하려면(물론 한편으로는 자신의 사치품도 사려면) 노동자들의 임금을 최대한 낮게 유지해야만 했다.

마르크스는 주요 저작인 《자본론》에서 자본가는 인색한 구두쇠와 마찬가지로 부를 점점 더 많이 모으는 데 집착한다고 썼다. 그러나 [다음과 같은 차이가 있었다.]

구두쇠에게는 단지 특이한 개성[인 탐욕]이 자본가에게는 사회구조의 산물이며 여기서 그는 사회구조가 작동하게 만드는 여러 톱니바퀴 가운데 하나일 뿐이다. … 자본주의적 생산이 발전할수록 특정 산업부문에 투자된 자본의 양은 끊임없이 증대하고, 경쟁 때문에 자본가 개인은 자본주의적 생산에 내재하는 법칙을 마치 외부에서 강요당하는 법칙처럼 느끼게 된다. 경쟁은 자본가로 하여금 자기 자본을 유지하려면 끊임없이 자본을 확대할 수밖에 없게 만든다. 그러나 자본가가 자기 자본을 유지할 수 있는 방법은 오직 누적적 축적뿐이다. …

축적하라, 축적하라! 이것이 모세와 예언자[의 말씀이시]다!

[자본주의 사회에서] 생산은 인간의 필요(심지어 자본가계급의 인간적 필요)를 충족하기 위해 이뤄지는 것이 아니라, 이 자본

가가 저 자본가와의 경쟁에서 살아남기 위해 이뤄진다. 각 자본가에게 고용된 노동자들의 생활은 다른 자본가들보다 더 빨리 축적하려는 자본가의 욕구에 지배당한다.

그래서 마르크스는 《공산당 선언》에서 다음과 같이 썼다.

> 부르주아 사회에서 산 노동은 죽은 노동을 축적하는 수단일 뿐이다. … 자본은 독자성과 개성을 갖고 있는 반면, 살아 있는 개인은 독자성과 개성을 잃고 있다.

서로 경쟁적으로 축적하려는 자본가들의 강박적 욕구는 자본주의 체제 초기에 산업이 급속하게 성장한 이유를 설명해 준다. 그러나 그런 강박적 축적 욕구는 뭔가 다른 문제를 만들어 내는 원인이 되기도 했다. 그것은 바로 거듭되는 경제 위기였다. 경제 위기는 최근에 나타난 현상이 결코 아니다. 그것은 자본주의 체제 자체만큼이나 오래된 것이다.

6장
왜 경제 위기가 발생할까?

한편에서는 부가 축적되고 다른 한편에서는 빈곤이 축적된다.

이것은 마르크스가 자본주의의 경향을 요약한 말이다. 모든 자본가는 다른 자본가와 벌이는 경쟁[에서 패배할 것]을 두려워한다. 그래서 자신이 고용한 노동자들이 최대한 열심히 일하게 하면서도 임금은 최대한 적게 주려고 한다.

그 결과로 한편에서는 생산수단이 엄청나게 증대하고 다른 한편에서는 고용된 노동자의 수와 임금은 조금 증가하는 불비례 현상이 나타난다. 마르크스는 바로 이것이 경제 위기의 근본 원인이라고 주장했다.

이 문제를 살펴보는 가장 쉬운 방법은 다음과 같이 묻는 것이다. 엄청나게 증대하고 있는 저 많은 상품을 누가 다 살 것인가? 노동자들은 임금이 낮아서 자신의 노동으로 생산한 상품을 다 살 수 없다. 그리고 자본가들은 노동자들의 임금을 올려줄 수 없다. 왜냐하면 그랬다가는 자본주의 체제의 원동력인 이윤이 파괴될 것이기 때문이다.

그러나 기업들이 스스로 생산한 상품을 팔지 못한다면 그들은 공장 문을 닫고 노동자들을 해고해야만 할 것이다. 그러면 임금으로 지출되는 금액 전체는 훨씬 더 감소하겠지만, 그 때문에 더 많은 기업들이 자기 상품을 팔 수 없게 될 것이다. 그래서 '과잉생산' 위기가 시작되고, 사람들이 살 수 없어서 팔리지 않는 상품이 경제 전체에서 재고로 쌓이게 될 것이다.

이것이 지난 160년 동안 자본주의 사회에서 되풀이된 현상이었다.

그러나 자본주의 체제를 옹호하는 영리한 사람들은 경제 위기에서 빠져나오는 쉬운 길이 있다고 재빨리 지적할 것이다. 그들의 주장인즉, 자본가들이 이윤을 새로운 공장과 기계에 투자하기만 하면 된다는 것이다. 그러면 노동자들에게 일자리가 생길 것이고, 이제 일자리를 구한 노동자들이 팔리지 않고 쌓여 있는 상품들을 살 수 있게 될 것이다. 따라서 신규 투자만 이뤄진다면, 생산된 상품이 모두 팔릴 수 있고 자본주의 체제는 완전고용을 달성할 수 있다는 것이다.

마르크스는 바보가 아니었으므로 이 점을 알고 있었다. 사실, 앞서 봤듯이 그는 자본가들로 하여금 계속 투자하게 만드는 경쟁 압력이 자본주의 체제의 핵심이라는 것을 인식하고 있었다. 그러나 마르크스는 다음과 같이 되물었다. 경쟁 압력이 있다고 해서 자본가들이 항상 모든 이윤을 투자할까?

자본가는 '적정한' 이윤이 보장된다고 생각할 때만 투자할 것이다.

적정한 이윤을 얻을 수 있을 거라는 생각이 들지 않는다면 자본가는 굳이 위험을 무릅쓰고 투자하지 않을 것이다. 차라리 그 돈을 은행에 넣어 두고 안전하게 이자나 챙길 것이다.

자본가가 투자를 할지 안 할지는 그가 경제 상황을 어떻게 판단하는지에 달려 있다. 경제 상황이 좋아 보이면, 자본가들은 너도나도 투자하겠다고 덤벼들 것이다. 그래서 서로 앞다퉈 건설 부지를 물색하고, 기계를 사들이고, 원료를 구하러 전 세계를 샅샅이 뒤지고, 웃돈을 주고라도 숙련노동자를 채용하려 들 것이다.

이것이 흔히 말하는 '호황'이다.

그러나 토지·원료·숙련노동을 확보하려고 자본가들이 서로 미친 듯이 경쟁을 하다 보면 그것들의 가격이 오르기 마련이다. 그래서 갑자기 일부 기업들은 과다한 비용 때문에 이윤이 모두 날아갔음을 깨닫게 될 것이다.

그러면 투자 호황이 갑자기 투자 '불황'으로 바뀐다. 이제 아무도 새로운 공장을 지으려 하지 않는다. 그래서 건설 노동자들이 해고된다. 새로운 기계를 원하는 사람도 없다. 그래서 공작기계 산업이 위기에 빠진다. 생산되고 있는 주철과 강철을 원하는 사람이 아무도 없다. 그래서 철강 산업이 갑자기 '생산능력'

이하로 가동되고 '수익성이 없어진다.' 공장 폐쇄와 조업 중단이 여러 산업으로 잇따라 확산되면서 일자리가 없어진다. 그래서 노동자들이 다른 산업의 상품을 살 수도 없게 된다.

자본주의의 역사는 그런 경제 위기가 주기적으로 되풀이된 역사다. 즉, 텅 빈 공장 밖에서는 실업자들이 굶주리는 반면, '아무도 원치 않는' 상품들이 재고로 쌓여 썩어 가는 미친 짓이 거듭거듭 되풀이됐다.

자본주의에서 이런 과잉생산 위기가 주기적으로 발생하는 이유는 경제가 계획되지 않기 때문이다. 그래서 자본 투자가 물밀듯이 쇄도하다가 갑자기 뚝 끊기는 것을 막을 방법이 전혀 없는 것이다.

국가가 이런 위기를 막을 수 있을 거라고 생각하던 때가 있었다. 민간투자가 낮을 때는 국가투자를 늘리고 민간투자가 회복되면 국가투자를 줄이는 식으로 국가가 경제에 개입해서 생산을 안정되게 유지할 수 있을 거라고 생각했다. 그러나 요즘은 국가 개입도 미친 짓의 일부가 됐다.

예컨대, [1988년 민영화한 영국 철강 회사] 브리티시스틸을 보자. 과거에 브리티시스틸이 아직 국유 기업이었을 때 철강 노동자들은 더 많은 철강을 더 싸게 생산하도록 설계된 거대한 현대식 자동 용광로 때문에 그들의 일자리가 사라지고 있다는 말을 들었다. 그런데 [민영화가 이뤄지고 난] 지금은 훨씬 더 많은 노동자들이 일자리를 잃어야 한다는 말을 듣고 있다. 왜냐하면 전에 그런 대규모 투자를 시작한 나라가 영국만이 아니었기 때문이다. 프랑스·독일·미국·브라질·동유럽, 심지어 한국도 똑같이 대규모 투자를 했다. 그래서 이제 전 세계에서 철강이 남아돈다. 과잉생산 위기인 것이다. 국가투자는 삭감되고 있다.

물론 철강 노동자들은 [민간투자든 국가투자든] 두 방식 모두 때문에 고통을 겪는다. 이것은 오직 이윤에만 관심이 있는 소수 특권 집단이 엄청난 부의 생산을 통제하는 경제체제 때문에 인류가 치르고 있는 대가다. 이 소수 특권 집단이 직접 산업체를 소유하고 있는지 아니면 (브리티시스틸처럼) 국가를 통제해서 간접적으로 산업을 지배하는지는 중요하지 않다. 그들이 이런 통제력을 이용해서 국내적으로든 국제적으로든 최대한 많은 이윤을 차지하기 위해 서로 경쟁하는 동안 고통을 겪는 것은 노동자들이다.

자본주의 체제의 마지막 미친 짓은 '과잉생산 위기'가 결코 과잉생산이 아니라는 것이다. 예컨대, '남아도는' 철강은 세계의 기아 문제를 해결하는 데 도움이 될 수 있다. 전 세계에는 아직도 나무 쟁기로 땅을 갈아야 하는 농민들이 있다. 그들이 철 쟁기를 사용한다면 식량 생산이 늘어날 것이다. 그러나 농민들은 돈이 없으므로 자본주의 체제는 농민을 위한 철 쟁기에 관심이 없다. 이윤을 얻을 수 없기 때문이다.

경제 위기가 그저 변함없이 규칙적으로 일어나는 것만은 아니다. 마르크스는 시간이 흐를수록 경제 위기가 더 악화할 것이라고도 예측했다.

투자가 특별한 기복 없이 일정한 비율로 고르게 이뤄진다고 하더라도 자본주의가 경제 위기로 나아가는 전반적 경향을 멈추지는 못한다. 그 이유는 자본가들 사이의 경쟁(과 자본주의 국가 간 경쟁)으로 말미암아 자본가들은 노동 절약형 설비에 투자할 수밖에 없기 때문이다.

오늘날 영국에서 거의 모든 신규 투자는 고용된 노동자의 수를 줄이기 위한 것들이다. 그 때문에 10년 전보다 오늘날 영국 산업에 고용된 노동자들이 더 적은 것이다. 비록 그 기간에 생산량은 늘었는데도 말이다.

어떤 자본가가 다른 자본가보다 이윤을 더 많이 차지할 수 있는 방법은 오직 '생산을 합리화[해서 생산물을 더 싸게 생산하고 판매해 이윤을 증대]하는 것', 즉 '생산성을 향상'시키고 노동자 수를 줄이는 것뿐이다. 그러나 그것은 자본주의 체제 전체에 파괴적 결과를 가져온다. 왜냐하면 생산성이 향상된다고 해서 노동자 수가 투자와 같은 속도로 증가하지는 않기 때문이다.

그러나 이윤의 원천은 노동자들의 노동이고, 이윤은 자본주의 체제가 계속 돌아가게 만드는 연료다. 투자는 계속 늘리면서도 이윤의 원천은 그만큼 늘리지 않는다면 스스로 파산을 향해 나아가는 셈이다. 경차를 움직이는 데 필요한 휘발유 양으로 고급 스포츠카를 몰려고 한다면 차가 당연히 고장나는 것과 마찬가지다.

그래서 이미 100년 전에 마르크스는 자본주의가 신규 설비에 거액을 투자하는 데 성공하는 것 자체가 '이윤율 저하 경향'을 낳아서 경제 위기가 갈수록 악화한다고 주장했던 것이다.

그의 주장은 오늘날의 자본주의에도 아주 쉽게 적용될 수 있다. 과거처럼 '어려운 시절'이 가면 '좋은 시절'이 오는 것이 아니라, 즉 불황이 호황으로 바뀌는 것이 아니라, 지금 우리는 끝없는 불황에 빠져 있는 것 같다. 어쩌다 경기가 호전되고 실업이 감소하더라도 그런 시기는 금방 끝나 버리고 효과도 미미하다.

자본주의 체제를 옹호하는 사람들은 투자 수준이 충분히 높지 않기 때문에 그런 일이 벌어진다고 말한다. 신규 투자가 없으면 새로운 일자리도 없을 것이고 새로운 일자리가 없으면 새로운 상품을 살 돈도 없기 때문이라는 것이다. 여기까지는 우리도 동의할 수 있다. 그러나 왜 이런 일이 일어나는지에 대한 그들의 설명에는 동의할 수 없다.

그들은 임금을 탓한다. 임금이 너무 많아서 이윤이 거의 바닥났다는 것이다. 자본가들이 투자하기를 겁내는 이유는 '충분한 보상'을 받지 못할 것이기 때문이라고 그들은 말한다.

그러나 정부가 노동자들의 생활수준을 떨어뜨리고 이윤을 끌어올리는 임금정책을 오랫동안 추진해 왔는데도 경제 위기는 계속됐다. 1975~1978년에 노동자들의 생활수준은 20세기 들어 가장 많이 떨어진 반면에 부자들은 점점 더 부유해졌다(상위 10퍼센트가 전체 국민소득에서 차지하는 비중이 1974년에는 57.8퍼센트였는데 1976년에는 60퍼센트로 상승했다).

그러나 아직도 경제 위기를 끝내기에 충분한 투자는 이뤄지지 않고 있다. 그리고 이런 상황은 영국뿐 아니라 프랑스·일본·독일 등 임금이 삭감된 다른 나라들도 마찬가지다.

오늘날 자본주의를 옹호하는 사람들의 말을 듣는 것보다 100여 년 전에 카를 마르크스가 한 말을 듣는 게 더 나을 것이다.

마르크스는 자본주의가 나이를 먹을수록 자본주의 경제 위기는 더 악화할 것이라고 예측했다. 왜냐하면 이윤의 원천인 노동이 증가하는 속도가, 노동이 가동되는 데 필요한 투자의 증대 속도를 따라가지 못할 것이기 때문이다. 마르크스가 그렇게 썼을 당시는 노동자 한 사람을 고용하는 데 필요한 공장과 기계의 가치가 매우 낮았다. 그때 이후 노동자 1인당 자본의 가치는 치솟아서, 오늘날은 2만 파운드, 심지어 3만 파운드나 된다. 자본주의 기업들 사이의 경쟁 때문에 자본가들은 훨씬 크고 훨씬 값비싼 기계를 사용할 수밖에 없었다. 이제 대다수 산업에서 새

로운 기계는 곧 노동자 수 감소를 뜻한다는 것이 당연한 일로
여겨지게 됐다.

경제협력개발기구OECD는 세계의 주요 경제들에서 고용이 감
소할 것이라고, 심지어 기적이 일어나서 투자가 급증하더라도 그
럴 것이라고 예측했다.

[그러나] 투자가 급증하는 일은 일어나지 않을 것이다. 자본가
들은 이윤에 관심이 있는데 만약 그들의 투자가 4배 증가했는
데도 이윤은 겨우 2배 증가한다면 정말로 속이 뒤집어질 것이
기 때문이다. 그러나 이윤의 원천인 노동보다 산업이 더 빠르게
성장한다면 틀림없이 투자 대비 이윤의 증가 속도는 느려질 것
이다.

마르크스가 말했듯이 이윤율은 저하하는 경향이 있다. 그는
어떤 신규 투자라도 아주 위험한 모험처럼 보이는 때가 마침내
찾아올 것이라고 예상했다. 새로운 공장과 기계를 마련하는 데
필요한 지출의 규모는 엄청난 반면 이윤율은 과거 어느 때보다
더 낮을 것이다. 그런 때가 찾아오면, 각 자본가(나 자본주의 국
가)는 막대한 신규 투자 계획을 꿈꾸면서도 파산할까 봐 두려
워서 실행에 옮기기를 겁낼 것이다.

오늘날의 세계경제는 이와 매우 비슷하다. 로버자동차는 새
로운 생산 라인을 계획하지만 손해를 볼까 봐 두려워한다. 브리
티시스틸도 전에 계획했던 대규모 공장들을 꿈꾸지만, 현재의

생산량도 팔 수 없기 때문에 그 계획을 보류해야 한다. 일본의 선박 회사들은 새로운 조선소에 투자하기를 포기했다. 그리고 기존 조선소들 가운데 일부는 문을 닫고 있다.

자본주의가 훨씬 더 크고 더 생산적인 기계를 만드는 데 성공한 것 자체가 자본주의 체제를 상시적 위기처럼 보이는 단계에 이르게 만들었다.

고대 노예제사회와 중세 봉건사회도 어느 단계에 이르자 혁명이 일어나 사회가 변혁되든지 아니면 상시적 위기에 빠져 결국 사회가 퇴보하든지 하는 기로에 서게 됐다. 고대 로마에서는 혁명이 일어나지 않았기 때문에 문명이 파괴되고 암흑시대로 빠져들었다. 일부 봉건사회에서는, 즉 영국과 나중에 프랑스에서는 혁명이 일어나 구질서를 파괴했고 그 덕분에 자본주의에서 새로운 사회적 진보를 이룰 수 있었다.

지금 자본주의 자체도 상시적 위기에 빠져 결국은 빈곤과 전쟁을 통해 인류를 야만으로 퇴보하게 만들 것인지 아니면 사회주의 혁명으로 나아갈 것인지 하는 선택의 기로에 서 있다.

7장
왜 노동계급이 중요하지?

마르크스는 《공산당 선언》을 다음과 같은 말로 시작했다. "지금까지 존재한 모든 사회의 역사는 계급투쟁의 역사였다."

어떻게 지배계급이 피억압 계급으로 하여금 계속 부를 생산해서 자신들에게 바치도록 강요했는지가 결정적으로 중요한 문제였다. 바로 이 문제 때문에 이전의 모든 사회에서 엄청난 계급투쟁이 벌어졌고 흔히 내전으로 비화했다. 예컨대, 고대 로마의 노예 봉기, 중세 유럽의 농민 봉기, 17~18세기의 대규모 내전과 혁명이 그랬다.

이 모든 대규모 투쟁들에서 봉기한 세력의 대중은 가장 억압받는 사회집단 출신이었다. 그러나 마르크스가 재빨리 덧붙였듯이, 그들의 노력은 모두 한 소수 특권계급을 다른 소수 특권계급으로 교체하는 데 기여했을 뿐이다. 그래서 예컨대 고대 중국에서는 농민반란이 몇 차례 성공했지만 이 황제를 저 황제로 교체했을 뿐이다. 마찬가지로, 프랑스 혁명에서도 가장 열심히 분투한 사람들은 파리의 빈민 계급이었지만, 결국 사회를 지배하게 된 것은 그들이 아니라 (왕과 귀족을 대신한) 은행가와 산업자본가들이었다.

이렇게 하층계급들이 스스로 분투해서 성공시킨 혁명을 계속 통제하지 못하게 된 데는 두 가지 주된 이유가 있었다.

첫째, 사회적 부의 수준이 대체로 너무 낮았다. 압도 다수의 사람들은 극심한 빈곤에 시달렸기 때문에 오직 극소수만이 문명을 유지하기 위한 예술과 학문을 발전시킬 시간과 여유를 가질 수 있었다. 다시 말해, 사회가 진보하려면 계급 분열이 필요했던 것이다.

둘째, 피억압 계급들의 생활 자체가 그들이 사회를 다스릴 준비를 하는 것과는 거리가 멀었다. 대체로 그들은 글을 몰랐고, 자신이 사는 지역 바깥 세계의 사정은 거의 알지 못했고, 무엇보다도 일상생활 자체가 그들을 서로 분리시켜 놓았다. 농민은 저마다 자기 땅뙈기를 경작하는 데만 관심이 있었다. 도시의 수공업자는 저마다 자신의 소규모 사업을 운영하는 데만 관심이 있었고, 다른 수공업자들과 단결하기보다는 어느 정도 경쟁 관계에 있었다.

농민반란을 시작한 수많은 사람들은 지역 봉건영주의 토지를 나눠 가지려고 봉기했지만, 일단 봉건영주가 패배하고 나면 그 토지를 어떻게 나눌 것인지를 두고 자기들끼리 싸웠다. 마르크스가 말했듯이, 농민들은 "자루 속에 들어 있는 감자들"과 비숫했다. 즉, 어떤 외부의 압력을 받으면 하나로 뭉칠 수 있지만, 그들 자신의 이해관계를 대변하기 위해 상시적 연결망을 구축할 능력은 없었던 것이다.

현대 자본주의 사회에서 부를 창조하는 노동자들은 이전의 모든 하층계급들과 다르다. 첫째, 인류의 진보를 위해 더는 사회가 계급으로 분열할 필요가 없다. 부가 너무 많이 창조돼서, 자본주의 사회 자체가 전쟁이나 경제 위기를 통해 막대한 부를 주기적으로 파괴할 지경이다. 부를 평등하게 분배하더라도 사회는 여전히 학문과 예술 등을 활짝 꽃피울 수 있다.

둘째, 자본주의 사회에서 생활하면서 노동자들은 다양한 방식으로 사회를 통제할 준비를 하게 된다. 예컨대, 자본주의는 숙련되고 교육받은 노동자들이 필요하다. 또 자본주의는 수많은 사람을 거대한 광역도시권의 대규모 작업장들로 몰아넣는데, 거기서 그들은 서로 긴밀하게 접촉하면서 사회를 변혁하는 강력한 세력이 될 수 있다.

자본주의는 공장에서 노동자들이 서로 협력해서 생산하게 만든다. 그리고 이런 협력 기술은 쉽사리 자본주의 체제에 대항하는 것으로 바뀔 수 있다. 노동자들이 스스로 노동조합을 조직할 때 그러듯이 말이다. 노동자들은 대규모 집단적 기구들에 함께 모여 있기 때문에, 그런 기구들을 민주적으로 통제하는 일을 이전의 피억압 계급들보다 훨씬 더 쉽게 할 수 있다.

더욱이, 자본주의는 다른 평범한 노동자들보다 '더 뛰어나다'고 스스로 생각하는 사람들(예컨대, 사무직원이나 기술자 등)을 임금노동자로 만들어 버리는 경향이 있다. 그래서 그런 사람들도 다른 노동자들과 마찬가지로 노동조합 등을 조직해서 싸우게 된다.

마지막으로, 교통과 통신의 발달(철도·도로·항공운송·우편제도·전화·라디오·텔레비전) 덕분에 노동자들은 자기 지역이나 산업 바깥의 세계와 교류할 수 있게 된다. 그들은 전국적·국제적 규모에서 하나의 계급으로 조직될 수 있는데, 이것은 과거의 피억압 계급들이 꿈도 꿀 수 없었던 일이다.

이 모든 사실이 뜻하는 바는, 노동계급이 기존 사회에 맞서 반란을 일으키는 세력이 될 수 있을 뿐 아니라, 스스로 조직하고 자신들의 대표를 선출하고 통제할 수도 있다는 것이다. 그것도 단지 또 다른 황제나 은행가 집단을 [지배자로] 세우기 위해서가 아니라, 노동계급 자신의 이해관계에 맞게 사회를 변혁하기 위해서 말이다. 그래서 카를 마르크스는 다음과 같이 썼다.

이전의 모든 역사적 운동은 소수의 이익을 위한 소수의 운동이었다. 프롤레타리아의 운동은 압도 다수의 이익을 위한 압도 다수의 자의식적·자주적 운동이다.

8장
사회는 어떻게 변혁될 수 있을까?

영국에서 압도 다수의 사회주의자들과 노동조합원들은 대체로 폭력혁명* 없이도 사회가 변혁될 수 있다고 주장해 왔다. 즉, 사회주의자들이 대중의 지지를 충분히 얻어서 '전통적' 정치제도(국회와 지방의회)를 장악하기만 하면 된다는 것이다. 그러면 기존 국가(행정부·사법부·경찰·군대)가 사용자 계급의 권력을 축소하는 법률을 집행하게 만들어서 사회를 변혁할 수 있을 것이라고 그들은 생각한다.

이런 식으로 현재의 [사회]구조를 개혁해서 폭력[혁명] 없이 점진적으로 사회주의를 도입할 수 있다는 것이 그들의 주장이다.

보통 이런 견해를 일컬어 '개혁주의'라고 하는데, 가끔은 '수정주의'라고도 부르고(왜냐하면 마르크스의 [혁명적] 사상을 [개

---

* 마르크스가 말한 폭력혁명은 혁명 과정에서 지배계급을 물리적으로 제거하는 유혈 사태만을 뜻하지 않는다. 오히려 노동계급이 기존 국가기구를 그대로 인수하는 것이 아니라 파괴한다는 의미에서 폭력혁명이 불가피하다고 마르크스는 생각했다.

혁주의적으로] 완전히 수정했기 때문이다), '사회민주주의'라고도 부르며(비록 1914년까지는 사회민주주의가 혁명적 사회주의를 뜻했지만 말이다), 페이비언주의(영국에서 오랫동안 개혁주의 견해를 선전해 온 페이비언협회의 이름을 딴 것이다)라고도 부른다.

언뜻 보면 개혁주의는 매우 그럴듯하게 들린다. 그것은 우리가 학교·신문·텔레비전에서 듣는 이야기, 즉 '의회가 나라를 다스리고, 의회는 국민의 민주적 의사에 따라 선출된다'는 것과 잘 맞는다. 그러나 의회를 통해 사회주의를 도입하려는 시도는 모두 실패로 끝났다. 그래서 1945년부터 1979년까지 영국에서는 노동당이 세 차례나 의회의 다수가 돼 정부를 구성했지만 (1945년과 1966년에는 의회에서 압도 다수였다), 영국이 1945년보다 더 사회주의에 가까워진 것은 결코 아니다.

외국의 경험도 마찬가지다. 1970년 칠레에서는 사회주의자 살바도르 아옌데가 대통령으로 선출됐다. 사람들은 이것이 사회주의로 가는 '새로운 길'이라고 주장했다. 3년 후, 정부 참여 요청을 받은 군 장성들이 아옌데 정부를 전복했고 칠레의 노동계급 운동은 파괴됐다.

개혁주의가 항상 실패할 수밖에 없는 세 가지 상호 연관된 이유가 있다.

첫째, 의회 다수파가 된 사회주의자들이 '점진적으로' 사회주의 정책들을 도입하고 있는 동안에도 진정한 경제 권력은 여전히 기존 지배계급의 수중에 남아 있다. 그들은 이 경제 권력을 이용해서 모든 산업부문의 가동을 중단시키고 실업자를 양산하고 투기와 사재기로 물가를 끌어올리고 돈을 해외로 빼돌려서 '국제수지' 위기를 조성하고 이 모든 것을 사회주의 정부 탓으로 돌리는 언론 공세를 펼칠 수 있다.

그래서 1964년에 해럴드 윌슨의 노동당 정부는 노동자들에게 혜택을 가져다줄 정책들을 중단할 수밖에 없었(고 1966년에도 그랬)다. 왜냐하면 부유한 개인들과 기업들이 돈을 대거 해외로 빼돌렸기 때문이다. 윌슨 자신이 회고록에서 다음과 같이 토로했다.

이제 우리는 새로 선출된 정부가 선거공약을 제대로 실행할 수 없을 것이라는 말을 국제 투기꾼들[국내외 자본가계급]에게 듣는 지경에 이르렀다. … 그들은 총리에게 영국의 선거는 웃기는 쇼일 뿐이고 영국 국민들은 정책 선택권이 없다는 것을 사실상 인정하고, 이제 그만 의회 민주주의의 막을 내리라는 요구를 하고 있었다.

이렇게 윌슨이 분노를 터뜨렸다고들 하지만, 이후 6년 동안 그는 실제로 그 투기꾼들이 요구한 것과 다름없는 정책들을 추진했다는 사실을 덧붙여야 한다.

똑같이 의도적으로 조성된 국제수지 위기 때문에, 1974년 선출된 노동당 정부는 병원·학교·사회복지에 대한 공공 지출을 세 차례나 잇따라 삭감할 수밖에 없었다.

칠레의 아옌데 정부는 대기업들의 훨씬 더 큰 방해 공작에 직면했다. '기업주들의 파업'으로 모든 산업부문의 조업이 두 번이나 중단됐고, 투기 때문에 물가가 폭등했으며, 장사꾼들의 사재기로 말미암아 생활필수품을 사려는 사람들이 장사진을 치는 사태가 벌어졌다.

자본주의가 개혁될 수 없는 둘째 이유는 기존 국가기구가 결코 '중립적'이지 않고 오히려 철저하게 자본주의 사회를 유지하기 위해 만들어졌기 때문이다.

국가는 물리력을 행사하는 수단, 즉 폭력 수단을 거의 모두 통제하고 있다. 만약 국가의 여러 기구가 중립적이라면, 그리고 자본주의 정부든 사회주의 정부든 정부가 시키는 대로 무엇이든 한다면, 국가는 대기업의 경제적 사보타주, 즉 방해 행위를 막는 데 이용될 수 있을 것이다. 그러나 국가기구가 작동하는 방식과 누가 실제로 명령을 내리는지를 살펴보면, 국가가 결코 중립적이지 않다는 사실을 알 수 있을 것이다.

국가기구는 단지 정부가 아니다. 그것은 다양한 부속 기관, 즉 경찰과 군대, 사법부, 공무원 조직, 국영기업체 운영자 등을 많이 거느린 방대한 조직이다. 국가의 이 다양한 부속 기관에서 일하는 많은 사람들은 노동계급 출신이다. 그들은 노동자들처럼 생활하고 임금을 받는다.

그러나 결정을 내리는 것은 이 사람들이 아니다. 일반 사병들은 어느 전쟁터에 나가서 싸워야 하는지, 또는 파업을 진압하러 나가야 할지 말지를 결정하지 못한다. 사회보장 부서의 창구 직원은 실업급여를 얼마나 지급해야 할지를 결정하지 못한다. 모든 국가기구는 상명하복 원칙에 바탕을 두고 있다.

이것은 물리력을 행사하는 국가기구들, 즉 육해공군과 경찰의 경우에 근본적으로 맞는 말이다. 군에 입대한 병사가 무기 다루는 법도 배우기 훨씬 전에 맨 처음 배우는 것은 명령에 무조건 복종해야 한다는 것이다(그 명령에 대한 개인적 견해가 무엇이든 간에 무조건 복종해야 한다). 그 때문에 그들은 터무니없는 훈련을 받아야 한다고 배운다. 만약 사병들이 연병장에서 터무니없는 명령을 받고도 아무 생각 없이 그 명령에 따른다면, 그들은 발포 명령을 받았을 때도 아무 생각 없이 총을 쏘게 될 것이다.

어떤 군대에서든 가장 극악한 범죄는 명령 불복종, 즉 항명이다. 이 범죄는 너무 중대하다고 여겨지기 때문에, 전시의 명령 불복종은 아직도 영국에서 사형감이다.

누가 명령을 내리는가?

영국 육군의 지휘 계통을 보면(다른 나라 군대도 대동소이하다), 대장-준장-대령-중위-부사관-사병으로 이어진다. 그런 지휘 계통의 어느 단계에서도 [국민의] 선출된 대표들, 즉 국회의원이나 지방의원이 끼어들 틈은 없다. 사병들이 장교의 명령이 아니라 자기 지역 국회의원의 명령에 따르는 것도 항명 행위가 된다.

군대는 대규모 살인 기계다. 군대를 운영하(고 다른 군인들을 지휘관으로 승진시킬 권한을 갖고 있)는 사람은 장군들이다.

물론 이론적으로는 장군들도 민주적으로 선출된 정부에 책임을 진다. 그러나 사병들은 정치인이 아니라 장군들의 명령에 복종하도록 훈련받는다. 만약 장군들이 휘하 사병들에게 내린 명령이 선출된 정부의 의사와 모순된다면, 정부는 그런 명령을 철회할 수 없다. 다만 장군들이 생각을 바꾸도록 설득하려고 노력할 수 있을 뿐이다. 만약 정부가 장군들이 내린 명령이 어떤 종류의 것인지를 안다고 하더라도 군대의 일은 언제나 기밀 사항이기 때문에 장군들은 자신이 싫어하는 정부에 자신이 하는 일을 숨기기가 매우 쉽다.

그렇다고 해서 장군들이 항상 정부의 말을 무시한다거나 심지어 대체로 그런다는 것도 아니다. 대체로 영국의 장군들은 정부의 제안에 대부분 동의하는 것이 [진급이나 출세에] 좋다는 사실을 알고 있다. 그러나 죽느냐 사느냐 하는 상황에서 장군들은 정부의 말을 전혀 듣지 않고 자신이 거느린 살인 기계를 가동할 수 있다. 그럴 때 정부가 할 수 있는 일은 거의 없다. 바로 이 것이 칠레에서 결국 아옌데 정부가 전복됐을 때 장군들이 실제로 한 일이다.

따라서 '누가 군대를 운영하는가?' 하는 문제는 사실 '누가 장군들인가?' 하는 문제와 같다. 영국에서 고위 장교의 약 80퍼센트는 비싼 수업료를 내는 사립학교 출신이다. 이 비율은 50년 전이나 지금이나 똑같다(노동당 정부가 17년간 집권했지만 달라진 게 전혀 없다). 그 고위 장교들은 대기업 소유자들과 친·인척 관계를 맺고 있고, 똑같은 상류층 사교 클럽 회원들이고, 똑같은 사회적 기능을 하면서 서로 어울려 지내고, 똑같은 사상을 공유한다(의심스럽다면, [영국의 보수 일간지] 〈데일리 텔레그래프〉의 독자 편지란에 실린 글을 아무거나 읽어 보라). 고위 공무원, 판검사, 경찰 수뇌 등도 사정은 비슷하다.

이 사람들이 단지 330명[의 사회주의자들]이* 영국 하원에 입성했다는 이유만으로 대기업에 있는 자기 친구와 친·인척들한테서 경제 권력을 빼앗으라는 정부 명령에 복종할 것이라고 생각하는가? 칠레의 장군, 판사, 고위 공무원 등이 3년 동안 정부의 명령을 사보타주하다가 마침내 때가 무르익자 정부를 전복해 버린 사례를 되풀이할 가능성이 훨씬 높지 않겠는가?

---

* 2000년 당시 영국 하원의 총 의석 수는 659석이었다.

실제로 영국의 특수한 '헌법'* 덕분에 국가기구를 통제하는 자들은 선출된 좌파 정부를 굳이 물리적으로 전복하지 않고도 얼마든지 정부의 의지를 꺾어 놓을 수 있다. 만약 좌파 정부가 선출된다면, 사용자 계급의 대규모 경제적 사보타주에 부딪힐 것이다(공장 폐쇄, 자금의 해외 도피, 생필품 사재기, 물가 인상 등). 만약 정부가 '합헌적 수단'을 사용해서, 즉 법률을 제정해서 그런 사보타주에 대처하려 한다면, 정부는 곧 속수무책의 처지임을 깨닫게 될 것이다.

상원은 그런 법률의 승인을 확실히 거부할 것이(고, 그래서 적어도 9개월 동안은 입법을 지연시킬 것이)다. 판사들은 그렇게 제정된 법률의 효력을 축소하는 쪽으로 법을 '해석'할 것이다. 고위 공무원, 군 장성, 경찰 수뇌 등은 판사들의 판결과 상원의 결정을 이용해서, 정부 장관들의 지시를 따르지 않는 자신들의 행동을 정당화할 것이다. 그들은 거의 모든 언론의 지지를 받을 것이다. 언론은 정부가 '불법적·위헌적' 행동을 하고 있다고 떠들어 댈 것이다. 군 장성들은 그런 언론의 주장을 이용해서, '불법적' 정부를 전복하기 위한 준비를 정당화할 것이다.

정부가 (실제로 위헌적 방식으로 행동해서 기층의 일반 공무

---

* 영국은 국가 통치 기구의 구성이나 작용 등을 명시적으로 규정한 성문헌법이 존재하지 않는다.

원·경찰·사병들에게 자기 상관의 명령을 거부하라고 요청하지 않는다면) 그런 경제적 혼란에 전혀 대처할 수 없을 것이다.

이 모든 것이 터무니없는 공상이라고 생각하는 사람이 있을까 봐, 최근의 영국 역사에서 군 장성들이 자신이 싫어하는 정부의 결정을 실제로 사보타주한 사례가 적어도 두 차례나 있었다는 사실을 덧붙여야겠다.

1912년 영국 하원에서는 **통일된** 아일랜드를 다스릴 '자치' 의회 구성을 규정한 법안이 통과됐다.* 그러자 보수당 당수인 보너 로는 즉시 [좌파 정부도 아닌] (자유당!) 정부를 "헌법을 팔아먹은" 불법적 "독재 정부"라고 맹비난했다. 상원은 당연히 그 법률을 최대한 오래(당시에는 2년이었다) 지연시켰고, 전에 보수당 정부에서 장관을 지낸 에드워드 카슨은 북아일랜드에서 불법 무장 세력을 조직해서 그 법률에 저항했다.

당시 아일랜드에 주둔한 영국군을 지휘하는 장군들은 부대를 북부로 이동해서 불법 무장 세력에 대처하라는 정부의 명령을 받았을 때 이를 거부하고 장교직을 사임하겠다고 위협했다. 흔히 '쿠럭 반란'이라고** 부르는 이 행동 때문에 북아일랜드와

---

* 당시 아일랜드는 16세기 이래 400년 동안 영국의 식민 지배를 받고 있는 상황이었다.

** 당시 영국군은 아일랜드 더블린시 부근의 쿠럭에 주둔하고 있었다.

남아일랜드는 단일한 의회를 구성하지 못했고 결국 오늘날까지도 분단국으로 남아 있게 됐다.

1974년에도 1912년 사건의 축소판이 되풀이됐다. 북아일랜드의 우파 개신교도 로열리스트들은* 개신교도와 가톨릭교도의 연합 정부를 받아들이도록 강요당한 것에 반발해서,** 전면적 조업 중단을 조직하고 바리케이드를 쌓아서 사람들이 출근하지 못하도록 방해했다. 그러자 영국 정부의 장관들은 [북아일랜드에 주둔 중인] 영국군과 북아일랜드 경찰인 왕립얼스터경찰대에*** 바리케이드를 해체하고 '파업'을 종식시키라고 요구했다. 그러나 영국군 고위 장교들과 경찰 지휘관들은 그 요구가 현명하지 못한 것이며 병사들도 경찰들도 로열리스트들에게 대항하는 행동을 하지 않을 것이라고 영국 정부에 답변했다. 결국 북아일랜드의 개신교도와 가톨릭교도 연합 정부는 사퇴할 수밖에 없었고,

---

* 로열리스트Loyalist는 영국의 북아일랜드 합병을 지지하는 보수파를 일컫는 말이다.

** 17세기 영국의 부르주아 혁명 과정에서 아일랜드를 침공한 잉글랜드의 군사 독재자 올리버 크롬웰은 아일랜드의 가톨릭교도 지주들의 토지를 몰수해서 스코틀랜드와 잉글랜드에서 이주해 온 개신교도들에게 나눠 줬다. 이후 북아일랜드로 이주해 온 개신교도들은 가톨릭교도들을 몰아내고 인구의 다수가 됐고, 이들의 후손은 지금도 북아일랜드의 정치·경제·사회·문화 모든 영역을 지배하며 북아일랜드 독립에 반대하고 영국의 북아일랜드 합병을 지지한다.

*** 얼스터Ulster는 아일랜드섬의 북부 지방을 가리키는 말이다.

고위 군 장교들의 견해가 영국 정부의 견해보다 더 강력하다는 것이 입증됐다.

1914년과 1974년에 온건한 정책을 추진하던 중도파 정부에서도 그런 일이 일어났는데, 전투적인 사회주의 정부가 선출된다면 무슨 일이 벌어질지 상상해 보라. 진지한 개혁주의자들이 의회에서 다수파가 된다면 곧 선택을 강요당할 것이다. 즉, 산업체를 소유하고 국가의 핵심 요직을 통제하는 자들을 달래기 위해 개혁을 포기하든지 아니면 그런 자들에 대항해서 모종의 무력을 사용할 수밖에 없는 전면적 충돌을 준비해야 할 것이다.

개혁주의가 막다른 길일 수밖에 없는 셋째 이유는, 의회 '민주주의'의 구조상 어떤 혁명적 운동도 의회를 통해서는 표현될 수 없기 때문이다.

일부 개혁주의자들은 국가기구의 핵심 요직을 통제하는 자들에 맞서 싸우는 최상의 방법은 좌파가 먼저 의회에서 다수를 차지하는 것이라고 주장한다. 그러나 의회는 항상 대중의 혁명적 의식 수준을 과소평가하기 때문에 그들의 주장은 틀렸다.

대중은 오직 투쟁을 통해 실제로 사회를 변혁하기 시작할 때에야 스스로 사회를 운영할 수 있다고 믿게 된다. 수많은 사람이 공장을 점거하거나 총파업에 참여하고 있을 때 갑자기 혁명적 사회주의 사상이 현실성 있는 것처럼 보일 것이다.

그러나 그런 투쟁 수준은 옛 지배계급의 권력을 빼앗지 않는다면 무한정 지속될 수 없다. 옛 지배계급은 계속 버티면서 공장점거나 총파업이 사그라질 때까지 기다렸다가 군대와 경찰에 대한 통제력을 이용해서 투쟁을 분쇄하려 들 것이다.

그리고 일단 총파업이나 공장점거가 흔들리기 시작하면, 노동자들의 단결과 자신감도 약해지기 시작한다. 사기가 떨어지고 쓰라린 감정이 밀려온다. 심지어 최상의 투사들조차 사회를 변혁한다는 것은 한낱 망상이었을 뿐이라고 느끼기 시작한다.

이 때문에 사용자들은 항상 노동자들이 다른 노동자들의 주장을 들을 수 있는 대중 집회에서 단결해 있을 때가 아니라, 혼자 집에서 텔레비전과 신문을 보면서 정보를 얻고 있을 때 파업 찬반 투표가 실시되는 것을 선호한다.

또 이 때문에 항상 반反노동조합 법률에는, 우편 비밀투표가 실시되는 동안에는 노동자들이 파업을 중지해야 한다는 강제 조항이 있는 것이다. 그런 조항이 '냉각'기간 조항이라고 불리는 이유도 바로 노동자들의 자신감과 단결에 찬물을 끼얹으려고 고안된 것이기 때문이다.

의회 선거제도에는 비밀투표와 냉각기간이 내장돼 있다. 예컨대, 어떤 정부가 거대한 파업에 굴복해야 하는 상황이라면 다음과 같이 말할 것이다. "좋습니다. 총선에서 그 문제가 민주적으로 해결될 때까지 3주만 기다려 주십시오." 그러면서 그 사이에 파업이 중지되기를 바랄 것이다. 그러면 노동자들의 자신감과 단결은 서서히 사그라질 것이다. 사용자들은 당연히 투사들의 블랙리스트를 작성할 것이고, 자본주의 언론은 다시 정상 가동돼서 친정부 사상을 떠들어 대기 시작할 것이다. 그리고 경찰은 '말썽꾼들'을 구속할 수 있게 될 것이다.

그럴 때 마침내 선거가 실시되면 투표는 노동자 투쟁의 절정을 반영하는 것이 아니라 파업 후의 가장 낮은 상태를 반영하게 된다.

1968년 프랑스에서 드골 장군의 정부가 바로 그런 식으로 선거를 이용했다.* 개혁주의적 노동자 정당들과 노조들은 노동자들에게 파업을 끝내라고 말했고, 그 덕분에 드골은 선거에서 승리할 수 있었다.

1974년 엄청나게 성공적인 광원 파업에 직면한 영국 총리 에드워드 히스도 똑같은 책략을 부렸다. 그러나 이번에는 광원들이 속지 않았다. 광원들은 파업을 계속했고, 결국 히스가 선거에서 패배했다.**

---

* 1968년 5월 프랑스에서는 대학과 정부의 권위주의적 억압에 반대하는 학생들의 반란이 노동자 투쟁의 기폭제 구실을 하면서 사상 최대 규모의 총파업이 벌어져, 대통령 드골이 파리에서 도망치는 등 정부가 궁지로 몰렸다.

** 1974년 2월 영국 보수당의 히스 정부는 석유파동에 따른 경제 위기를 이유로 임금 인상률을 7퍼센트로 억제하려 했으나 이에 반발한 광원들의 대중 파업으로 오히려 정부가 붕괴하고 광원들은 35퍼센트 임금 인상을 쟁취했다.

계급투쟁의 핵심 문제가 선거에서 결정될 때까지 노동자들이 기다린다면, 결코 그런 투쟁의 절정에 이르지 못할 것이다.

노동자 국가

마르크스는 《프랑스 내전》이라는 소책자에서, 또 레닌은 《국가와 혁명》이라는 소책자에서 사회주의를 쟁취할 수 있는 방법에 관해 [개혁주의자들과는] 완전히 다른 견해를 개괄적으로 밝혔다. 그들의 사상은 난데없이 튀어나온 것이 아니었다. 두 사람 모두 노동계급의 행동을 목격하고 자신의 견해를 발전시켰다. 마르크스는 파리코뮌을 목격했고, 레닌은 1905년과 1917년에 러시아의 '소비에트'(노동자 평의회)를 목격했다.

그러나 마르크스와 레닌은 노동계급이 사회주의를 건설하려면 먼저 관료적 명령 체계에 바탕을 둔 기존 국가를 파괴한 다음에 완전히 새로운 원칙에 바탕을 둔 국가를 새롭게 창건할 수 있어야 한다고 주장했다. 레닌은 이 새로운 국가가 기존 국가와 완전히 달라야 한다고 강조하면서, 그것을 "코뮌 국가, 즉 국가가 아닌 국가"라고 불렀다.

노동계급이 옛 지배계급과 중간계급의 잔당들에게 명령을 내릴 수 있으려면 새로운 국가가 필요하다고 마르크스와 엥겔스

는 말했다. 그들이 새로운 국가를 '프롤레타리아 독재'라고 부른
까닭이다. 즉, 노동계급은 사회가 어떻게 운영돼야 하는지 명령을
내려야 했던 것이다. 또 노동계급은 다른 나라 지배계급들의 공
격에 맞서 자신의 혁명을 방어해야 했다. 이 두 가지 일을 하기
위해 노동계급은 독자적 무력과 모종의 치안 유지 기구, 법원,
심지어 감옥도 보유해야 했다.

그러나 이 새로운 군대·경찰·사법제도 등이 노동자들의 통
제를 받고 노동자들의 이해관계를 결코 거스르지 않게 하려면,
새로운 국가는 자본주의 국가와 완전히 다른 원칙에 바탕을 둬
야 한다. 새로운 국가는 노동계급의 다수를 억압하는 독재가 아
니라, 사회의 다수인 노동계급이 나머지 소수[의 자본가계급]에게
명령을 내리는 수단이 돼야 한다.

자본주의 국가와 새로운 노동자 국가의 주된 차이는 다음과
같다.

자본주의 국가는 사회의 극소수 사람들의 이익에 봉사한다.
노동자 국가는 압도 다수의 이익에 봉사해야 한다. 자본주의 국
가에서 무력을 행사하는 것은, 사회의 나머지 부분과 단절돼 있
고 고위 장교들에게 복종하도록 훈련받은 소수의 살인 청부업
자들이다. 그러나 노동자 국가에서는 옛 특권계급의 잔당들이
저지르는 반反사회적 행위에 맞서 다수가 자신들을 보호하기
위해서만 무력이 필요하다.

노동자 국가에서 병역과 치안 유지 업무는 평범한 노동자들이 수행할 수 있다. 그들은 동료 노동자들과 자유롭게 어울리면서 같은 생각을 하게 되고 같은 생활을 하기 때문이다. 사실, 군인과 경찰 집단이 노동자 대중과 결코 분리되지 않게 하려면 '군인'과 '경찰'이 공장과 사무실에서 일하는 평범한 노동자들이어야 하고 그 노동자들이 군대나 경찰 업무를 순번제로 교대하면서 맡아야 한다.

[노동자 국가에서는] 군대와 경찰을 소수의 장교 집단이 운영하는 것이 아니라, 노동자 대중이 직접 선출한 대표들이 운영하게 될 것이다.

자본주의 국가에서는 국민을 대표한다는 의원들이 법률을 제정하지만, 그 법률을 집행하는 것은 상근 관료, 경찰 수뇌, 판사들이다. 그래서 국회의원들과 지방의원들은 항상 자신의 공약이 이행되지 않을 때 온갖 핑계를 늘어놓으며 발뺌할 수 있는 것이다. 노동자 국가에서 노동자들의 대표는 자신이 만든 법률이 제대로 집행되는지를 감독해야 한다. 고위 관료 엘리트들이 아니라 노동자 대표들이 공무원 조직과 군대 등의 노동자들에게 어떻게 일을 처리해야 하는지를 설명할 것이다. 또, 선출된 노동자 대표들이 법원에서 법률을 해석할 것이다.

자본주의 국가에서 국민을 대표한다는 의원들은 고액의 봉급을 받는다는 점에서 그들을 선출해 준 사람들과 단절돼 있다. 노동자 국가에서 노동자 대표들은 평균 수준의 노동자 임금만을 받을 것이다. 노동자 대표들의 결정을 집행하는 요직에서 상근하는 사람들(현재 공무원과 비슷한 사람들)도 마찬가지다.

자본주의 국가의 국회의원들과 달리 노동자 대표들과 노동자들의 결정을 집행하는 일에 관여하는 모든 사람은 그 지위가 5년 동안(또는 고위 공무원의 경우 평생 동안) 무조건 보장되는 일은 없을 것이다. 그들은 적어도 해마다 선출 과정을 거쳐야 할 것이고, 만약 그들을 선출해 준 사람들의 희망 사항을 제대로 실행하지 못했을 때는 즉시 소환될 것이다.

자본주의 국가의 의원들은 특정 지역에 사는 모든 사람들에 의해 선출된다. 즉, 상층계급과 중간계급, 노동계급, 빈민가의 세입자뿐 아니라 집주인, 단순 육체노동자뿐 아니라 증권 거래인 등이 모두 선거에 참여한다. 노동자 국가에서는 오직 노동하는 사람들만이 대표를 선출할 수 있고, 그것도 해당 문제에 대한 공개적 토론을 거친 후에야 선거가 실시될 것이다. 따라서 노동자 국가의 핵심은 공장과 광산, 항만, 대형 사무실 등을 기반으로 하는 노동자 평의회일 것이고, 주부와 연금생활자, 중·고등학생, 대학생 같은 집단들도 자신의 대표를 선출할 것이다.

이런 식으로 노동계급의 각 부문은 자신의 대표를 선출할 것이고 그 대표가 자신들의 이해관계를 제대로 대변하는지 아닌지를 직접 판단할 수 있을 것이다. 그래서 새로운 국가는 노동계급 다수와 괴리되고 그들을 거스르는 권력이 될 수 없는 것이다(반면에, 동구권의 자칭 '공산주의' 국가들은 실제로는 노동계급 다수와 괴리되고 그들을 거스르는 권력이었다).

그와 동시에 노동자 평의회 체제는 민주적으로 결정된 전국적 계획에 따라 산업체를 운영하려는 노동자들의 노력을 조정할 수 있는 수단이기도 하다. 그래서 노동자들이 서로 경쟁하면서 공장을 운영하지 않을 수 있는 것이다. 현대의 컴퓨터 기술 덕분에 모든 노동자는 사회가 선택할 수 있는 다양한 경제적 대안들에 관한 정보를 얻을 수 있고, 노동자들의 다수가 가장 좋은 대안이라고 생각하는 것을 노동자 대표들이 선택하도록 의사를 전달할 수 있게 됐다는 것은 쉽사리 알 수 있다. 예컨대, 콩코드 같은 값비싼 초음속 여객기에 자원을 낭비할지 값싸고 믿을 만한 대중교통 체계에 자원을 사용할지, 또는 핵폭탄을 만들지 인공신장을 만들지 등을 민주적으로 결정할 수 있게 됐다.

시들어 죽는 국가

[새로운] 국가권력은 노동자 대중과 괴리된 권력이 아닐 것이기 때문에, 자본주의 사회에서보다 강압이 훨씬 덜 중요할 것이

다. 새로운 국가권력이 억압해야 할 구사회의 잔당들이 혁명의 성공을 받아들이고 체념하게 되면, 또 외국에서도 혁명이 일어나 그 나라의 지배계급을 물리치고 나면, 강압은 점점 더 필요 없게 될 것이고, 마침내 노동자들이 '경찰'과 '군대'의 일을 맡기 위해 잠시 일터를 떠나야 할 필요도 없게 될 것이다.

마르크스와 레닌이 국가는 시들어 죽을 것이라고 말한 의미가 바로 이것이다. 새로운 국가는 사람들을 강압하는 기구가 아니라, 단지 재화를 어떻게 생산하고 할당할 것인지를 결정하는, 노동자 평의회의 한 기구에 불과하게 될 것이다.

노동자 평의회는 자본주의 안에서 계급들 사이의 투쟁이 정말로 높은 수준에 도달할 때마다 이런저런 형태로 생겨났다. '소비에트'는 1905년과 1917년에 러시아인들이 노동자 평의회를 뜻하는 말로 사용한 것이다.

1918년 독일에서는 노동자 평의회가 잠시나마 나라의 유일한 권력이었다. 1936년 스페인에서는 다양한 노동자 정당과 노조들이 단결해서 만든 '시민군 위원회'들이 각 지역을 다스리면서 노동자 평의회와 아주 비슷한 구실을 했다. 1956년 헝가리에서는 노동자들이 선출한 평의회가 공장과 지역을 다스리면서 소련군에 맞서 싸웠다. 1972~1973년 칠레에서는 노동자들이 '코르돈', 즉 대공장들을 연결해 주는 노동자 위원회를 건설하기 시작했다.

노동자 평의회는 노동자들이 자본주의에 반대하는 자신들의 투쟁을 조정하는 데 사용하는 기구로서 시작된다. 노동자 평의회는, 예컨대 파업기금 모금 같은 온건한 기능을 하면서 시작될 수도 있다. 그러나 노동자 평의회라는 기구가 노동자들의 직접 선출에 바탕을 두고 있고, 그 노동자 대표들은 언제든지 소환될 수 있기 때문에, 노동자 투쟁이 절정에 이를 때에는 노동계급 전체의 노력을 조정하는 기구가 될 수 있다. 즉, 노동자 권력의 토대를 놓을 수 있는 것이다.

9장
노동자들은 어떻게 혁명적으로 될까?

20세기에 영국의 대다수 노동자들은 노동당과 의회가 사회를 변혁할 수 있을 것이라고 기대했다. 적잖은 노동자들은 보수당의 반동적 사상을 지지하기도 했다. 혁명적 사회주의를 지지하는 노동자들은 대체로 소수였다.

이렇게 노동자들이 혁명적 사회주의에 무관심하거나 심지어 반대하는 것은 결코 놀라운 일이 아니다. 우리는 모두 자본주의 사회에서 자랐다. 자본주의 사회에서는 모든 사람이 이기적이라는 것이 당연시되고, 오직 소수 특권층만이 산업체와 국가의 핵심 요직을 맡을 능력이 있다는 말을 신문과 텔레비전에서 끊임없이 듣게 되고, 노동자 대중은 학교에 들어가는 첫날부터 '선배와 윗사람'이 시키는 대로 해야 한다고 배운다.

마르크스가 말했듯이 "[사회의] 지배적 사상은 지배계급의 사상"이고 아주 많은 노동자들은 지배계급의 사상을 받아들인다.

그러나 자본주의 역사에서는 노동계급의 혁명적 운동이 나라 전체를 뒤흔들어 놓는 일이 거듭거듭 벌어졌다. 예컨대, 1871

년 프랑스, 1917년 러시아, 1919년 독일과 헝가리, 1920년 이탈리아, 1936년 스페인과 프랑스, 1956년 헝가리, 1968년 프랑스, 1972~1973년 칠레, 1975년 포르투갈, 1979년 이란, 1980년 폴란드에서 그랬다.

이런 격변들이 일어난 이유는 자본주의의 본질 자체에 있다. 자본주의는 경제 위기에 빠지는 경향이 있는 체제다. 장기적으로 보면 자본주의는 결국 완전고용을 보장하지도 못하고, 모든 사람에게 번영을 가져다주지도 못하며, 내일 빠질 위기에서 오늘 우리의 생활수준을 지켜줄 수도 없다. 그러나 자본주의 '호황'기에 노동자들은 이런 것들을 기대하게 된다.

그래서 예컨대 1950년대와 1960년대 초에 영국 노동자들은 상시적 완전고용과 '복지국가', 점진적이지만 실질적인 생활수준 향상을 기대하게 됐다. 반면에, 지난 25년 동안 역대 정부는 실업 증대를 허용해서 실질 실업자가 400만 명을 웃돌게 만들었고, 복지국가를 산산조각 냈으며, 생활수준을 떨어뜨리려고 거듭거듭 시도했다.

우리는 자본주의 사상을 받아들이도록 세뇌당하고 있기 때문에, 그런 공격들도 어느 정도 받아들인다. 그러나 노동자들이 더는 참을 수 없다고 느끼게 되는 때가 불가피하게 찾아온다. 갑자기, 흔히 아무도 예상하지 못한 순간에 노동자들의 분노가 폭발해서 사용자나 정부에 대항하는 모종의 행동에 나서게 된다. 아마 그들은 파업을 벌이거나 시위를 조직할 것이다.

좋든 싫든 이런 일이 벌어지면 노동자들은 그동안 받아들인 자본주의 사상과 완전히 모순되는 행동을 하기 시작한다. 그들은 자본가계급의 대표들에 반대하고 자기들끼리 서로 연대해서 하나의 계급으로서 행동하기 시작한다.

전에는 그들이 즉각 거부하던 혁명적 사회주의 사상이 이제 그들이 하고 있는 행동과 맞아떨어지기 시작한다. 적어도 일부 노동자들은 혁명적 사회주의 사상을 진지하게 받아들이기 시작한다(물론 그 사상이 이해하기 쉽다면 그럴 것이다).

노동자들이 혁명적 사회주의 사상을 얼마나 받아들일지는 무엇보다도 노동자들의 머릿속에 들어 있는 사상이 아니라 노동자들의 투쟁 규모에 달려 있다. 자본주의는 노동자들이 투쟁에 나서지 않을 수 없게 만든다. 심지어 노동자들이 처음에는 자본주의를 지지하는 사상을 갖고 있더라도 투쟁하게 만든다. 그리고 투쟁에 나선 노동자들은 자본주의를 지지하는 사상을 의심하게 된다.

자본가의 권력을 지탱해 주는 것은 두 가지, 즉 생산수단에 대한 통제권과 국가에 대한 통제력이다. 진정한 혁명적 운동이 시작되는 것은, 광범한 노동자 대중이 직접적인 경제적 이익을 위한 투쟁에 나서면서 자본가의 지배를 받쳐 주는 이 두 가지 버팀목과 충돌할 때다.

몇 년 동안 같은 공장에 고용돼 일하고 있는 한 무리의 노동자를 예로 들어 보자. 그들의 평범하고 단조로운 일상생활 전체가 공장에서 그들이 하는 일에 달려 있다. 그런데 어느 날 사용자가 곧 공장 문을 닫을 것이라고 발표한다. 그러면 심지어 보수당을 지지하는 노동자들조차 반감을 품고 뭔가 행동을 하기를 원한다. 필사적 심정이 된 노동자들은, 그동안 자본주의에서 누리던 생활수준을 계속 유지하는 방법은 오직 공장을 점거하는 것뿐이라는, 즉 생산수단에 대한 사용자의 통제권에 도전하는 것뿐이라는 결정을 내리게 된다.

사용자가 '자신의' 재산에 대한 통제권을 되찾기 위해 경찰력 투입을 요청하면, 노동자들은 곧 자신들이 국가와도 대결하고 있음을 깨닫게 될 것이다. 이제 그들은 사용자뿐 아니라 경찰, 즉 국가기구와도 대결해야만 일자리를 유지할 가능성이 조금이라도 있을 것이다.

이와 같이 자본주의 자체가 계급투쟁의 조건을 만들어 내고, 이 계급투쟁으로 말미암아 노동자들은 자본주의 체제가 가르쳐 온 사상과 정반대되는 사상을 마음속에 받아들이게 된다. 그래서 수많은 노동자들 사이에서 혁명적 분위기가 고조되는 일이 잊을 만하면 되풀이되는 것이 자본주의 역사의 특징인 것이다. 비록 대부분의 시기에 대다수 노동자들은 자본주의 체제가 그들에게 주입한 사상을 받아들이지만 말이다.

마지막으로 하나만 더 지적하겠다. 많은 노동자들이 혁명적 사상을 지지하기를 꺼리게 만드는 가장 큰 요인 하나는, 자기 혼자 뭘 해 봐야 다른 노동자들의 지지를 받지 못할 것이므로 쓸데없는 짓 할 필요가 없다는 생각이다. 그러나 다른 노동자들도 행동에 나서고 있다는 것을 알게 될 때 그들은 갑자기 그동안의 무관심을 떨쳐 버린다. 마찬가지로, 노동자들이 그랬듯이 스스로 사회를 운영할 능력이 없다고 생각했던 많은 사람들도 기존 사회에 맞선 대규모 투쟁 과정에서 사회 운영의 많은 부분을 자신들이 장악하고 있음을 발견할 때 그런 생각을 갑자기 떨쳐 버리게 된다.

일단 혁명적 운동이 시작되면 놀라운 속도로 눈덩이처럼 불어날 수 있는 것은 바로 이 때문이다.

10장
혁명에는 꼭 지도부가 필요할까?

마르크스주의의 기본 전제는 자본주의의 발전 자체가 노동자들로 하여금 자본주의 체제에 대항하는 반란을 일으키게 만든다는 것이다.

그런 반란이 일어날 때(그것이 대중 시위든, 무장봉기든, 심지어 큰 파업이든) 노동계급의 의식은 정말 놀라울 만큼 변화한다. 그동안 (경마부터 텔레비전 시청까지) 온갖 잡다한 일에 정신적 에너지를 낭비하던 노동자들이 갑자기 사회를 어떻게 변혁할 것인가 하는 문제에 관심을 집중한다. 그런 문제들을 해결하고자 애쓰면서 수많은 사람이 놀랍도록 독창적인 해결책들을 내놓는다. 그러면 흔히 지배계급뿐 아니라 오래된 혁명가들도 이런 상황 변화에 당황한다.

그래서 예컨대 1905년 1차 러시아 혁명 때 인쇄공 파업 기간에 세워진 파업 위원회가 새로운 형태의 노동자 조직인 소비에트, 즉 노동자 평의회로 발전했을 때 (혁명적 사회주의자들 중에서도 가장 전투적인) 볼셰비키당조차 처음에는 소비에트를 불신했다. 그들은 그 전까지만 해도 정치적이지 않던 노동자 대중이 진짜로 혁명적인 기구를 만들어 낸다는 것은 불가능한 일이라고 생각했던 것이다.

그런 경험은 많은 파업에서도 찾아볼 수 있다. 즉, 기존의 투사들은 오랫동안 자신의 조언을 무시하던 노동자들이 갑자기 스스로 전투적 행동을 조직하기 시작하는 것을 보고 거의 놀라 자빠지게 된다.

이런 **자발성**은 근본적이다. 그러나 (아나키스트들이나 아나키스트 비슷한 사람들이 주장하듯이) 자발성만으로도 충분하고 혁명적 정당은 필요없다는 결론을 내리는 것은 잘못이다.

혁명적 상황에서는 수많은 사람의 생각이 매우, 매우 빨리 바뀐다. 그러나 그들의 생각이 모두 한꺼번에 완전히 바뀌는 것은 아니다. 모든 파업, 모든 시위, 모든 무장봉기 안에서는 항상 끊임없이 논쟁이 벌어진다. 소수의 노동자들은 자신이 하고 있는 행동을 노동계급이 사회를 통제하는 길로 나아가는 [혁명의] 서곡쯤으로 여길 것이다. 다른 노동자들은 뭔가 행동을 하는 것은 곧 '자연스러운 질서'를 어지럽히는 것이라고 여겨서, 어떤 행동에도 반대할 것이다. 노동자 대중은 그 중간에서 때로는 이 주장으로, 때로는 저 주장으로 이끌릴 것이다.

기존 지배계급은 신문 같은 선전 기구를 총동원해서, 노동자들의 행동을 맹비난하며 일방적으로 한쪽 편을 들 것이다. 또 경찰이든 군대든 우파 조직이든 물리력을 동원해서 파업을 파괴하려 들 것이다.

따라서 노동자들을 편드는 쪽에서 보면, 과거의 계급투쟁에서 교훈을 이끌어 낼 수 있고 사회주의를 옹호하는 주장을 펼 수 있는 사회주의자들의 조직이 있어야 한다. 투쟁 속에서 의식이 성장하는 노동자들을 단결시킬 수 있는 조직이 있어야 하는 것이다. 그래야 그 노동자들이 사회를 변혁하기 위해 함께 행동할 수 있다.

그리고 이런 혁명적 사회주의 정당은 투쟁이 시작되기 전에 존재해야 한다. 왜냐하면 조직은 자(연)발(생)적으로 생겨나는 것이 아니기 때문이다. 혁명적 사회주의 정당은 사회주의 사상과 계급투쟁 경험의 지속적 상호작용을 통해 건설된다. 단지 사회를 이해하는 것만으로는 충분치 않은 것이다. 사회주의 사상을 일상적 계급투쟁, 즉 파업과 시위, 이런저런 캠페인 등에 적용하는 것을 통해서만 노동자들은 상황을 변화시킬 수 있는 자신들의 힘을 깨닫게 되고 그럴 수 있다는 자신감도 얻게 될 것이다.

어떤 단계에 이르면, 사회주의 정당의 개입이 결정적일 수 있다. 즉, 변화를 추구하는 쪽으로, 권력이 노동자들에게 혁명적으로 넘어오는 쪽으로, 사회주의 사회를 건설하는 쪽으로 [계급 세력] 균형이 기울어지도록 만들 수 있는 것이다.

혁명적 사회주의 정당은 민주적이어야 한다. 혁명적 사회주의 정당이 제구실을 하려면 계급투쟁에 끊임없이 관여해야 하는데, 이것이 뜻하는 바는 투쟁이 벌어지는 현장에 있는 당원이나 지지자들과 끊임없이 접촉해야 한다는 것이다. 혁명적 사회주의 정당이 민주적이어야 하는 이유는, 당 지도부가 항상 집단적 투쟁의 경험을 반영해야 하기 때문이다.

그와 동시에, 이런 민주주의는 단지 선거제도만이 아니라, 끊임없는 당내 토론과 논쟁으로도 실현돼야 한다(그것이 곧 혁명적 사회주의 정당의 바탕에 있는 사회주의 사상과 계급투쟁 경험이 끊임없이 상호작용하는 과정이다).

그러나 혁명적 사회주의 정당은 또한 **중앙집중적**이어야 한다. 왜냐하면 혁명적 사회주의 정당은 단지 토론 집단이 아니라, 행동하는 정당이기 때문이다. 계급투쟁에 집단적으로 관여할 수 있어야 하고, 재빠르게 대응할 수 있어야 한다. 따라서 당 지도부는 당의 이름으로 일상적 결정을 내릴 수 있어야 한다.

예컨대, 정부가 피케팅하는* 파업 노동자들을 구속한다면 혁

---

* 파업 불참자나 대체 인력의 작업장 출입을 막고 파업 참가자의 이탈을 막기 위한 대중적 통제 활동.

명적 사회주의 정당은 민주적 결정이 우선이라며 당대회를 소집할 필요 없이 즉시 대응해야 한다. 그래서 중앙집중적으로 결정이 내려지면 그에 따라 행동해야 한다. 민주주의는 사후에, 즉 그 결정이 옳았는지 틀렸는지를 따져 볼 때 실행된다. 그래서 만약 당 지도부의 결정이 투쟁의 필요와 동떨어진 것이었음이 드러난다면, 지도부를 교체할 수도 있다.

혁명적 사회주의 정당은 민주주의와 중앙집중주의 사이에서 미묘하고 섬세한 균형을 유지해야 한다. 가장 중요한 것은 당이 자신을 위해 존재하는 것이 아니라, 혁명적 변화를 통해 사회주의를 건설하는 수단으로서 존재한다는 점이다. 혁명적 변화를 통해 사회주의를 건설하는 일은 오직 계급투쟁을 통해서만 가능하기 때문이다.

따라서 혁명적 사회주의 정당은 끊임없이 [계급]투쟁에 스스로 적응해야 한다. 투쟁 수준이 낮고 소수의 노동자들만이 혁명적 변화의 가능성을 신봉하고 있을 때는 당의 규모가 작을 것이다.(그리고 그런 규모에 만족해야 한다. 왜냐하면 당원을 늘리기 위해서 정치사상을 희석시키는 것은 무의미한 일이기 때문이다.) 그러나 투쟁이 증대할 때는 다수의 노동자들이 매우 빠르게 생각이 바뀔 수 있고, 그래서 투쟁을 통해 상황을 바꿀 수 있는 자신들의 힘을 깨닫게 된다.(그리고 그때 당은 문호를 개방할 수 있어야 한다. 그러지 않으면 당은 주변으로 밀려나고 말

것이다.)

혁명적 사회주의 정당은 노동계급을 대리할 수 없다. 당은 계급투쟁의 일부가 돼서, 가장 계급의식적인 노동자들을 단결시키고 투쟁을 지도하려고 끊임없이 노력해야 한다. 또 혁명적 사회주의 정당은 노동계급에게 [일방적으로] 명령을 내릴 수도 없다. 당이 스스로 지도부라고 그냥 선언한다고 해서 노동계급의 지도부가 되는 것은 아니다. 당은 (소규모 파업부터 혁명 자체까지) 실천을 통해 사회주의 사상의 올바름을 입증해서 지도부의 지위를 확보해야 한다.

어떤 사람들은 혁명적 사회주의 정당이 사회주의를 가져다준다고 생각한다. 이것은 완전히 틀린 생각이다. 사회주의는 오직 노동계급이 스스로 생산수단을 통제하고 이것을 이용해서 사회를 변혁할 때만 실현될 수 있다.

자본주의라는 망망대해 한가운데에 사회주의라는 섬을 건설하는 것은 불가능하다. 사회주의자들이 스스로 고립된 소집단을 형성해서 사회주의 사상에 따라 생활하려고 노력했던 시도들은 모두 비참한 실패로 끝났다. 왜냐하면 먼저 경제적·이데올로기적 압력이 항상 존재하기 때문이다. 그리고 자본주의에서 스스로 고립된 그런 소집단들은 또한 사회주의를 실현할 수 있는 유일한 세력인 노동계급과도 단절되기 때문이다.

물론 사회주의자들은 자본주의의 온갖 폐해(인종 차별, 여성

차별, 착취, 잔혹 행위 등)에 맞서 일상적으로 투쟁한다. 그러나 노동계급의 힘을 기반으로 삼아야만 그렇게 할 수 있다.

11장
제국주의와 민족 해방

자본주의 역사 내내 사용자 계급은 항상 부를 추가로 얻을 수 있는 원천을 찾았다. 즉, 다른 나라에서 생산된 부를 강탈하려 했다.

중세 말기에 자본주의의 최초 형태가 성장함과 동시에 서유럽 국가들이 방대한 식민지를 점령해서 제국을 건설했다. 그래서 스페인과 포르투갈 제국, 네덜란드와 프랑스 제국이 성장했고, 물론 대영제국도 성장했다. 서유럽 지배계급들의 수중에 부가 쌓여 가는 동안, 이른바 제3세계(아프리카·아시아·남아메리카)의 모든 사회들은 파괴됐다.

이렇게 해서, 16세기에 유럽인들이 아메리카를 '발견'한 결과로 엄청나게 많은 금이 유럽으로 흘러들어 갔다. 그 이면에는 아메리카의 모든 사회들이 파괴되고 다른 곳[아프리카]의 주민들은 노예가 됐다는 사실이 놓여 있다. 예컨대, 콜럼버스가 처음으로 정착지를 건설한 아이티에서는 토착 원주민인 아라와크족(모두 합쳐 약 50만 명)이 겨우 두 세대 만에 절멸했다. 멕시코에서는 1520년에 2000만 명이었던 원주민 인구가 1607년에는 200만 명으로 급감했다.

서인도제도와 아메리카 대륙 일부 지역의 원주민들을 대체한 것은 흑인 노예들이었다. 그들은 아프리카에서 붙잡혀 끔찍한 조건의 배에 실려 대서양을 건너왔다. 대서양을 건너는 과정에서 약 900만 명이 죽었고, 살아남은 노예가 1500만 명으로 추산된다. 절반가량의 노예를 영국 배가 실어 날랐는데, 이것은 영국 자본주의가 산업 발전의 선두 주자가 될 수 있었던 이유 가운데 하나였다.

노예무역에서 나온 부는 산업의 자금줄이 됐다. 그래서 "브리스틀의* 담벼락은 흑인들의 피로 얼룩져 있다"는 속담이 생겨났고, 이 말은 다른 항구들에도 마찬가지로 적용된다. 카를 마르크스가 "유럽의 임금노동자라는 은폐된 노예제는 신대륙의 노골적 노예제라는 발판이 필요했다"고 쓴 까닭이다.

노예무역을 보완한 것은 노골적 약탈이었다. 예컨대, 영국이 인도를 정복한 것이 그랬다. 당시 벵골은 매우 발전한 지역이어서, 처음으로 그곳을 방문한 영국인들은 훌륭한 문명을 보고 큰 감동을 받았다. 그러나 벵골의 부는 오래가지 못했다. 인도

---

* 브리스틀은 잉글랜드 서남부에 있는 항구도시로 과거 노예무역의 전초기지 구실을 했다.

를 정복한 로버트 클라이브의 전기를 쓴 매콜리 경은 다음과 같이 말했다.

어마어마하게 많은 사람이 희생됐다. 그래서 엄청난 부가 캘커타[벵골의 중심 도시로 콜카타의 옛 이름]에 급속히 쌓이는 동안 3000만 명의 인간이 극도로 비참한 상태로 전락했다. 그들은 폭정에 시달리며 사는 데 익숙했지만, 그래도 이렇게 끔찍한 폭정은 겪어 본 적이 없었다.

그때 이후 벵골은 막대한 부로 유명한 것이 아니라, 몇 년에 한 번씩 기근이 닥쳐 수많은 사람이 굶어 죽는 극심한 빈곤으로 유명해졌고 그 빈곤은 오늘날까지도 계속되고 있다. 한편, 영국의 자본 투자 총액이 겨우 600만~700만 파운드에 불과했던 1760년대에 영국이 해마다 인도에서 징수한 공물이 200만 파운드나 됐다.

이와 똑같은 일은 영국의 가장 오래된 식민지, 즉 아일랜드에서도 벌어졌다. 1840년대 말에 발생한 대기근 동안에 기아와 이민으로 인해 아일랜드 인구가 절반으로 줄었을 때, 굶주리는 사람들을 먹여 살리고도 남았을 양의 밀을 영국 지주들이 지대로 가져갔다.

오늘날 우리는 세계를 '선진'국과 '후진'국으로 나누는 것이 보통이다. 그리고 '후진'국은 수백 년 동안 '선진'국과 똑같은 방향으로 나아가고 있고, 단지 속도만 더 느릴 뿐이라고 흔히 생각한다.

그러나 사실 서구 나라들이 '발전'한 이유 하나는 나머지 나라들의 부를 강탈하고 그들에게 퇴보를 강요했기 때문이다. 많은 후진국은 300년 전보다 오늘날 더 가난하다.

그래서 마이클 배럿 브라운은 다음과 같이 지적했다.

인도뿐 아니라 중국과 라틴아메리카와 아프리카의 현재 후진국들도 17세기에는 1인당 부의 수준이 유럽보다 높았지만, 서유럽의 부가 증대할수록 후진국은 가난해졌다.

영국은 거대한 제국을 가진 덕분에 세계 최초의 산업 강국으로 발전할 수 있었다. 세계의 3분의 1을 차지하는 대영제국 내의 원료와 시장, 수익성 높은 투자처에 다른 자본주의 국가들이 손을 대지 못하게 만들 수 있었던 것이다.

독일·일본·미국 같은 신흥 산업 강국들이 성장함에 따라 그들도 영국과 같은 이점을 누리고 싶어 했다. 그래서 저마다 제국이나 '세력권'을 경쟁적으로 건설했다. 경제 위기에 직면한 주요 자본주의 열강들은 서로 다른 나라 세력권을 잠식해서 자신의 문제를 해결하려 했다. 그래서 제국주의는 세계대전으로 이어졌다.

이것은 다시 자본주의의 내부 조직에 엄청난 변화를 가져왔다. 전쟁 수행을 위한 도구인 국가가 훨씬 더 중요해졌다. 국가는 대기업들과 훨씬 더 긴밀하게 협력해서, 대외 경쟁과 전쟁을 위해 산업을 재조직했다. 자본주의가 국가독점자본주의가 된 것이다.

제국주의의 발전은 자본가들이 단지 자국 노동계급만을 착취하는 것이 아니라, 다른 나라들을 힘으로 지배하고 그 나라 주민들도 착취한다는 것을 뜻했다. 식민지 나라들의 대다수 피억압 계급에게 이것이 뜻하는 바는 자국 지배계급뿐 아니라 외국의 제국주의자들에게도 착취당한다는 것이었다. 그들은 이중으로 착취당했다.

그러나 식민지 나라들의 일부 지배계급도 고통을 겪었다. 그들은 자신들이 식민지 주민을 착취할 수 있는 많은 기회를 제국주의에 빼앗기고 있다는 것을 알았다. 마찬가지로, 식민지에서 산업이 급속하게 성장하면 자신들에게도 좋은 출세 기회가 찾아올 수 있을 것이라고 기대하던 식민지의 중간계급도 고통을 겪었다.

지난 60년 동안 식민지와 옛 식민지 나라의 이 모든 다양한 계급이 제국주의의 영향에 반대해서 들고일어섰다. 그래서 제국주의 외세의 지배에 맞서 모든 사람을 단결시키려고 노력하는

[민족해방]운동이 발전했다. 그들의 요구는 다음과 같았다.

* 외국 제국주의 군대의 철수
* 제국주의 국가 간 식민지 영토 분할에 반대해서, 단일한 민족정부 아래 민족 전체의 영토 통일
* 외국 지배자들이 강요하는 언어에 반대해서, 일상생활에서 고유어 복원
* 국내에서 생산된 부로 토착 산업을 육성해서 조국의 '발전'과 '현대화' 실현

이런 것들이 중국에서(1912년, 1923~1927년, 1945~1948년), 이란에서(1905~1912년, 1917~1921년, 1941~1953년), 터키에서(제1차세계대전 후), 서인도제도에서(1920년대 이후), 인도에서(1920~1948년), 아프리카에서(1945년 이후), 베트남에서(1975년 미국을 물리칠 때까지) 잇따라 분출한 혁명적 운동의 요구였다.

이런 운동들을 지도한 것은 흔히 식민지의 일부 상층계급이나 중간계급이었지만, 이 때문에 선진국의 지배계급은 자국 노동계급뿐 아니라 또 다른 적과도 대결해야 하는 상황이 됐다. 이른바 제3세계의 민족운동은 제국주의적 자본주의 국가 자체의 노동계급이 자국 국가에 도전하는 바로 그때 그 제국주의 국가에 도전장을 내밀었다.

선진국의 노동계급 운동이 보기에 이 점은 매우 중요했다. 그것이 뜻하는 바는 선진국의 노동계급 운동이 자본주의에 반대하는 투쟁에서 제3세계의 [민족]해방운동과 동맹한다는 것이었다. 그래서 예컨대 영국의 석유 회사 셸의 노동자들은, 셸이 [영국의 식민지인] 남아공에 소유한 재산을 내놓으라고 요구하며 투쟁하는 남아공의 해방[운동] 세력과 동맹했다. 만약 셸이 제3세계 해방운동의 목표를 쉽게 좌절시킬 수 있다면, 자국 노동자들의 요구도 더 강력하게 억압할 수 있을 것이다.

제3세계 민족해방운동의 지도부가 사회주의자들이 아니더라도(실제로 그들이 [사회주의 혁명을 원하지 않고] 단지 외세의 지배를 국내 자본가 계급이나 국가자본가 계급의* 지배로 교체하는 것만을 원하더라도) 선진국 노동계급 운동은 그런 민족해방운동과 동맹할 수 있다.

민족해방운동을 분쇄하려고 하는 제국주의 국가는 서구 노동자들의 가장 큰 적이기도 하다. 그 때문에 마르크스는 "다른 민족을 억압하는 민족은 결코 자유로울 수 없다"고 강조했고, 레닌은 선진국 노동자들이 제3세계 피억압 민중과 **동맹해야 한**다고(비록 제3세계 해방운동의 지도부가 사회주의자들이 아니

---

* 중국과 쿠바에서는 중간계급 지식인들이 농민 군대를 이끌고 민족 해방 투쟁에서 승리한 후 국가자본주의 체제를 건설하고 그 지배계급으로 변모했다.

더라도) 주장했던 것이다.

그렇다고 해서, 억압받는 나라에서 비非사회주의자들이 민족 해방 투쟁을 지도하는 방식에 사회주의자들이 동의해야 한다는 말은 아니다(이것은 마치 어떤 노조[의 파업을 지지하더라도 그 노조의] 지도자가 파업을 지도하는 방식에 우리가 반드시 동의해야 하는 것은 아닌 것과 마찬가지다). 그러나 우리는 **무엇보다도** 우리가 민족 해방 투쟁을 지지한다는 사실을 분명히 해야 한다. 그러지 않으면, 식민지 민중을 억압하는 우리 나라 지배계급을 지지하는 길로 쉽게 빠질 수 있다.

우리는 민족 해방 투쟁을 누가 어떻게 지도하는지를 비판하기 전에 먼저 그 투쟁을 무조건 지지해야 한다.

그러나 제국주의의 억압을 받는 나라의 혁명적 사회주의자들은 거기서 그칠 수 없다. 그들은 민족 해방 투쟁을 어떻게 수행해야 하는지를 두고 다른 사람들과 끊임없이 논쟁해야 한다.

여기서 가장 중요한 요점들은 트로츠키가 발전시킨 **연속혁명론**에 들어 있다. 트로츠키는 먼저 억압에 반대하는 운동을 주도하는 사람들이 흔히 중간계급 출신이나 심지어 상층계급 출신이라는 사실을 인정하는 데서 시작했다.

사회주의자들이 그런 운동을 지지하는 이유는 사회에서 가장 억압받는 계급이나 집단을 짓누르는 무거운 부담들 가운데 하나를 제거하는 것이 그 운동의 목표이기 때문이다. 그러나 우리가 또 알아야 하는 사실은 상층계급이나 중간계급 출신들은 그런 투쟁을 일관되게 지도할 수 없다는 것이다. 그들은 대중투쟁이 완전히 발전해서 단지 외세의 억압에만 도전하는 것이 아니라, 가장 억압받는 계급들을 착취해서 살아가는 그들 자신의 능력에도 도전할까 봐 두려워할 것이다.

투쟁이 어떤 단계에 이르면, 그들은 스스로 주도하던 투쟁에서 발을 빼고 도망칠 것이고, 필요하다면 외세와 손잡고 그 투쟁을 분쇄하려 할 것이다. 이 단계에서 만약 사회주의 세력과 노동계급이 민족 해방 투쟁을 지도하지 못한다면 투쟁은 패배하고 말 것이[라고 트로츠키는 주장했]다.

트로츠키는 마지막으로 다음과 같은 점도 지적했다. 대다수 제3세계 나라에서 노동계급은 인구의 소수, 흔히 극소수에 불과하다는 것은 사실이다. 그러나 흔히 절대적 수치로 보면 매우 큰 규모이고(예컨대, 인도와 중국의 노동계급은 수천만 명이나 된다), 그 수에 비해 나라의 부를 창조하는 데서 엄청나게 큰 비중을 차지하고, 국가를 지배하는 핵심 지역인 도시에 압도다수가 집중돼 있다. 그래서 혁명적 격변기에 노동계급은 다른 모든 피억압 계급을 지도할 수 있고 전국을 통제할 수 있다. [제3세계에서] 혁명은 민족 해방의 요구로 시작해서 사회주의적 요구를 쟁취하며 끝날 때 **연속혁명**이 될 수 있다. 그러나 그러려면 억압받는 나라의 사회주의자들이 처음부터 노동자들을 **독립적**

계급으로 조직해(서 전체 민족해방운동을 지지하면서도 그 운동의 중간계급 지도자들이나 상층계급 지도자들을 믿을 수 없다고 항상 경고해)야 한다.

12장
마르크스주의와 페미니즘

여성해방을 대하는 서로 다른 두 가지 태도가 있다. 하나는 페미니즘이고 다른 하나는 혁명적 사회주의다. 페미니즘은 1960년대와 1970년대에 선진 자본주의 나라들에서 분출한 여성운동에 지배적 영향을 미쳤다. 페미니즘의 기본적 견해는 남성은 항상 여성을 억압한다는 것, 남성의 어떤 생물학적 구조나 심리적 구조 때문에 남성은 여성을 열등한 존재로 취급한다는 것이다. 이런 견해의 결론은 여성과 남성이 분리돼야만 여성해방이 가능하다는 것이었다(남녀의 철저한 분리를 주장하는 페미니스트들은 '[여성이 남성에게서] 해방된 라이프 스타일'을 추구하는 반면, 부분적 분리를 주장하는 페미니스트들은 여성 위원회나 [정당의] 여성 간부 회의나 여성만 참여하는 행사를 조직한다).

이 부분적 분리를 지지하는 많은 사람은 사회주의 페미니스트를 자처했다. 그러나 철저한 분리를 주장하는 급진적 페미니즘 사상이 나중에 여성운동 안에서 득세했다. 분리주의 사상은 거듭거듭 모자 보호시설 같은 데서 약간 급진적인 사회복지 활동을 하는 것으로 귀결되고 말았다.

이런 결함 때문에 많은 페미니스트가 다른 방향으로 눈을 돌려 노동당으로 들어갔다. 그들은 올바른 여성이 (국회의원이나 노동조합 간부나 지방의회 의원 같은) 적절한 자리를 차지하게 되면 어쨌든 모든 여성이 남녀평등을 추구하는 데 도움이될 것이라고 믿었다.

혁명적 사회주의 전통은 매우 다른 사상 체계에서 출발한다. 마르크스와 엥겔스는 이미 1848년에 쓴 글에서 무엇보다도 여성 억압은 남성의 머릿속 관념에서 생겨난 것이 아니라, 사유재산이 발전하고 그와 함께 계급사회가 출현한 것 때문에 생겨났다고 주장했다. 마르크스와 엥겔스가 보기에 여성해방을 위한투쟁은 계급사회 자체를 끝장내는 투쟁, 즉 사회주의를 위한 투쟁과 결코 분리될 수 없었다.

또 마르크스와 엥겔스는 공장제도에 바탕을 둔 자본주의의 발전으로 사람들의 생활, 특히 여성의 생활에 엄청난 변화가 일어났다고 지적했다. 계급사회가 발전하면서 여성은 사회적 생산에서 점차 배제됐는데, 자본주의의 발전으로 말미암아 다시 사회적 생산에 투입됐다는 것이다.

이 때문에 여성은 전에 결코 가져 본 적이 없는 잠재력을 갖게 됐다. 집단적으로 조직된 여성 노동자들은 자신의 권리를 위해 투쟁할 능력과 독립성이 훨씬 커졌다. 이 점은 과거 여성의 생활과 크게 다르다. 왜냐하면 자본주의 이전에는 여성이 생산에서 하는 구실이 주로 가족을 통한 것이었으므로 여성은 가부장(남편이나 아버지)에게 완전히 종속됐기 때문이다.

여기서 마르크스와 엥겔스가 끌어낸 결론은 가족의 물질적 기초, 따라서 여성을 억압하는 물질적 기초가 더는 존재하지 않게 됐다는 것이었다. 이런 변화[여성이 사회적 생산에 참여하게 된 것]에서 여성이 혜택을 얻지 못하는 이유는 재산이 여전히 소수의 수중에 남아 있다는 사실 때문이었다. 오늘날 여성이 계속 억압당하도록 만드는 것은 바로 자본주의가 조직되는 방식, 특히 노동자들이 자녀를 양육해서 다음 세대의 노동자들을 길러 내는 일이 원활하게 이뤄지도록 자본주의가 가족이라는 특정 형태를 이용하는 방식이다. 자본주의가 남성에게(점차 여성에게도) 돈을 주고 일을 시키는 반면, 여성은 남성이 공장에서 일할 수 있도록 뒷바라지하고 자녀도 나중에 똑같은 일을 하도록 양육하는 일을 무보수로 평생 하는 것은 [자본가계급에게] 큰 이득이 된다.

이와 달리 사회주의에서는 오늘날 여성을 무겁게 짓누르는 가족의 많은 기능[가사 노동]을 사회가 책임지게 될 것이다.

그렇다고 해서 마르크스·엥겔스와 그들의 후예들이 '가족의 폐지'를 설파했다는 말은 아니다. 가족을 지지하는 자들은 항상 가장 억압받는 많은 여성을 동원해서 가족을 지지하게 만들 수 있었다. 왜냐하면 그 여성들은 '가족이 폐지'되면 남편이 마음대로 아내를 버리고 자녀 양육의 책임도 내팽개칠 수 있게 될 것이라고 생각했기 때문이다. 그러나 혁명적 사회주의자들은 항상 더 나은 사회주의 사회에서는 오늘날처럼 불행하고 갑갑한 가족생활이 여성에게 강요되는 일은 결코 없을 것이라는 점을 보여 주려고 노력했다.

페미니스트들은 항상 이런 식의 분석을 거부했다. 그들은 여성이 세계를 변혁하고 여성 억압을 끝장낼 수 있는 힘을 가진 곳, 즉 여성이 집단적으로 일하면서 강한 힘을 가진 곳에 있는 여성에게 다가가는 것이 아니라, 고통받는 여성들에게 다가간다. 1980년대 초의 [여성]운동은, 예컨대 성매매와 강간, 또는 여성과 가족을 위협하는 핵무기 같은 쟁점들에 집중했다. 이것들은 모두 여성이 약자라는 입장에서 출발한다.

페미니즘은 [여성] 억압이 계급 분열보다 더 중요하다는 가정에서 출발한다. 이것은 결국 계급사회를 건드리지 않고 그대로 놔둔 채 (소수의) 일부 여성들의 처지를 개선하려는 노력으로 귀결된다. 그래서 여성운동은 '신중간계급'(기자, 작가, 강사, 대학 나온 화이트칼라 노동자 등)이 지배하는 경향이 있었다. 타이피스트나 문서 정리원, 재봉공 같은 여성들은 무시됐다.

여성해방 문제가 단지 소수의 여성뿐 아니라 모든 노동계급

여성에게도 현실이 되는 때는 오직 급진적 변화와 혁명적 분출의 시기뿐이다. 예컨대, 1917년의 볼셰비키 혁명은 세계 역사상 전례 없는 수준의 평등을 여성에게 가져다줬다. 이혼·낙태·피임이 자유로워졌다. 육아와 가사 노동은 사회의 책임이 됐다. 공동 식당·세탁소·탁아소가 만들어지기 시작해서 여성들은 자기 삶을 훨씬 더 자유롭게 선택하고 관리할 수 있게 됐다.

물론 이런 진보는 혁명 자체가 패배하면서 중단되고 말았다. 기근과 내전, 노동계급의 대량 사망, 국제 혁명의 실패 때문에, 결국 러시아 자체에서 사회주의가 패배했다. 그래서 평등을 향한 변화는 거꾸로 뒤집어졌다.

그러나 소비에트 공화국의 초기는 심지어 가장 불리한 상황에서도 사회주의 혁명이 무엇을 달성할 수 있는지를 보여 줬다. 오늘날 여성해방의 전망은 훨씬 더 밝다. 영국에서는 노동자 5명 가운데 2명이 여성이다(이 점은 다른 선진 자본주의 나라들도 비슷하다).

여성해방은 오직 노동계급의 집단적 힘으로만 이룰 수 있다. 그러려면 여성들이 따로 조직돼야 한다는 페미니즘 사상을 거부해야 한다. 오직 여성과 남성 노동자들이 단결한 혁명적 운동의 일부로서 함께 행동할 때만 계급사회를 파괴하고 그와 함께 여성 억압도 끝장낼 수 있다.

13장
전쟁을 끝내려면 어떻게 해야 할까?

20세기는 전쟁의 시대였다. 제1차세계대전에서 약 1000만 명이 죽었고, 제2차세계대전으로 5500만 명이, 인도차이나 전쟁으로 200만 명이 죽었다. 그리고 양대 핵 강국인 미국과 러시아는 여전히 인류를 몇 번이나 파멸시킬 수 있는 수단을 보유하고 있다.

기존 사회를 당연하게 여기는 사람들은 이런 참상을 설명하기 어렵다. 그들이 흔히 내리는 결론은, 인간은 어떤 타고난 본능적 충동 때문에 대량 학살을 즐긴다는 것이다. 그러나 인간 사회에서 항상 전쟁이 벌어졌던 것은 아니다. 고든 차일드는 석기시대 유럽에 관해 다음과 같이 썼다.

도나우문화* 초기의 인간들은 평화로운 사람들이었던 듯하다. 그

---

* 기원전 약 5500년~4000년에 도나우강 유역 등 유럽의 중동부 지역에서 발전한 최초의 농업 사회를 일컫는 고든 차일드의 용어다.

들의 무덤에서는 사냥 도구가 아닌 전쟁 무기는 발견되지 않았다. 그들의 마을에는 군사적 방어 시설도 없었다. … [그러나 — 하면] 신석기시대 후기에는 무기가 가장 특징적인 부장품이 됐다.

전쟁은 인간의 어떤 타고난 공격성 때문에 일어나는 것이 아니다. 전쟁은 계급으로 분열된 사회의 산물이다. 5000~1만 년 전에 재산 소유자 계급이 처음으로 나타났을 때 그들은 자신의 부를 지킬 수단을 찾아야 했다. 그래서 사회의 나머지 부분과 단절된 무장 세력, 즉 국가를 건설하기 시작했다. 그리고 이 국가는 나중에 다른 사회를 약탈해서 그들의 부를 늘려 주는 귀중한 수단이 됐다.

사회가 계급으로 분열됐다는 것은 전쟁이 인간 생활의 상시적 특징이 됐다는 것을 뜻했다.

고대 그리스와 로마의 [노예제사회에서] 지배계급인 노예 주인들이 살아가려면 끊임없이 전쟁을 벌여서 [전쟁 포로를] 노예로 만들어야 했다. 중세의 봉건영주들은 자기 영지의 농노를 복종시키고 다른 봉건영주한테서 빼앗은 것을 지키기 위해 중무장을 해야 했다. 300~400년 전에 최초의 자본가계급이 등장했을 때, 그들 또한 거듭거듭 전쟁에 의지해야 했다. 그들은 낡은 봉건 지배자들의 잔당에 대한 우위를 확립하기 위해 16세기부터 19세기까지 계속 격렬한 전쟁을 치러야 했다. 가장 성공한 자본주의 나라들, 예컨대 영국은 전쟁을 이용해 부를 늘렸다. 즉, 해외로 진출해서 인도와 아일랜드를 약탈하고, 아프리카에서 수많은 사람을 노예로 만들어 아메리카로 수송하고, 전 세계를 자신의 약탈 대상으로 만들었다.

자본주의 사회 자체가 전쟁을 통해 건설됐다. 그래서 자본주의 사회 안에서 사는 사람들이 전쟁은 '불가피할 뿐 아니라 정당하다'고 믿게 된 것은 결코 놀라운 일이 아니다.

그러나 자본주의는 결코 전쟁에만 의존할 수 없었다. 자본주의의 부는 대부분 공장과 광산 등에서 노동자를 착취해서 얻은 것이었다. 그리고 '본국' 안에서 벌어지는 어떤 싸움이라도 그런 착취 과정을 방해할 수 있었다.

각국의 자본가계급은 해외에서는 전쟁을 벌이면서도 국내에서는 평화를 원했다. 그래서 '군대의 무덕'에 대한 신념을 고취하면서도 '폭력'을 격렬하게 비난했다. 자본주의 이데올로기는 완전히 모순되게도 군국주의에 대한 열렬한 찬양과 평화주의적 미사여구를 결합한다.

20세기에 전쟁 준비는 과거 어느 때보다 더 자본주의 체제에 중요해졌다. 19세기에는 자본주의적 생산이 서로 경쟁하는 많은 소기업에 바탕을 두고 있었다. 국가는 그 소기업들의 상호관계와 노사 관계를 규제하는 비교적 작은 기구였다. 그러나 20세기에는 대기업들이 대다수 소기업을 집어삼켜서, 각국 내에서는 경쟁이 많이 없어졌다. 경쟁은 점점 더 각국 대기업들 사이의 국제적 경쟁이 됐다.

이런 국제적 경쟁을 규제할 세계 자본주의 국가 따위는 존재하지 않는다. 오히려 각 국민국가는 자국자본가들이 외국 자본가들과의 경쟁에서 우위를 차지할 수 있도록 도와주기 위해 최대한 압력을 행사한다. 각국 자본가들의 생사를 건 투쟁은, 저마다 파괴적 무기를 엄청나게 가진 국가들 간의 생사를 건 투쟁으로 비화할 수 있다.

이 투쟁은 두 차례나 세계대전으로 이어졌다. 제1·2차세계대전은 제국주의 전쟁, 즉 자본주의 국가들이 세계를 지배하기 위해 서로 편을 가르고 싸운 것이었다. 냉전도 이 투쟁의 연속이었는데, 가장 강력한 자본주의 국가들이 각각 나토NATO[북대서양조약기구]와 바르샤바조약기구 두 진영으로 나뉘어 서로 대치한 것이었다.

이런 세계적 냉전 말고도 많은 열전이 세계 곳곳에서 벌어졌다. 보통 그런 전쟁은 누가 특정 지역을 통제할 것인지를 두고 자본주의 국가들 사이에 벌어진 투쟁이었다. 예컨대, 1980년에 시작된 이란·이라크 전쟁이 그랬고, 1991년에는 걸프전이 벌어졌다. 주요 열강들은 모두 제3세계 국가들에 첨단 군사기술을 팔아먹으면서 전쟁의 불을 지피고 있다.

자본주의 체제가 평화롭기를 바라는 많은 사람은 이 암울한 현실을 싫어한다. 그들은 자본주의는 원하지만 전쟁은 원하지 않는다. 그들은 자본주의 체제 안에서 대안을 찾으려 한다. 예컨대, 유엔UN이 전쟁을 막을 수 있다고 믿는 사람들이 있다.

그러나 유엔은 전쟁으로 치닫는 경향이 있는 다양한 국가들이 함께 모이고 만나는 무대일 뿐이다. 거기서 그들은 서로 힘을 비교해 본다. 마치 권투 선수들이 시합 전에 체급을 확인하려고 몸무게를 재 보듯이 말이다. 한 국가나 진영이 다른 국가나 진영보다 훨씬 강하다는 것이 누가 봐도 명백하다면, 양편은 결과가 뻔한 전쟁을 벌이는 것은 무의미한 짓이라고 생각할 것이다. 그러나 전쟁에서 어느 편이 이길지가 분명하지 않다면, 그들은 길고 짧은 것은 대봐야 안다고, 즉 실제로 전쟁을 벌여서 누가 더 강한지를 확인해 보는 수밖에 없다고 생각할 것이다.

이 점은 핵무기로 무장한 양대 진영, 즉 나토와 바르샤바조약 기구에도 적용된다. 비록 서방 진영이 동방 진영보다 군사적으로 우세했지만, 소련이 스스로 가망 없을 만큼 불리하다고 믿을 정도로 그 격차가 큰 것은 아니었다. 그래서 만약 제3차세계대전이 일어나면 인류의 대부분이 전멸할 것이라는 사실에도 불구하고 미국과 소련은 모두 핵전쟁을 벌여서 승리할 계획을 세우고 있었다.

1989년 동유럽에서 정치적 격변이 일어나고 1991년 소련이 붕괴하면서 냉전은 끝났다. 그러자 '새로운 세계 질서'와 '평화

배당금'을* 떠들어 대는 사람들이 많았다.

그러나 오히려 우리가 목격한 것은 야만적 전쟁이 잇따라 벌어진 것이었다. 즉, 서방이 옛 동맹국이던 이라크와 전쟁을 벌였고, 옛 소련에서는 아제르바이잔과 아르메니아가 전쟁을 벌였으며, 소말리아와 옛 유고슬라비아에서는 끔찍한 내전이 일어났다.

자본주의 열강들 간의 군사적 경쟁이 해소되자마자 또 다른 군사적 경쟁이 벌어지고 있다. 도처에서 지배계급은 전쟁이 자신들의 영향력을 강화하고 노동자와 농민에게 맹목적 민족주의를 주입하는 방법이라는 것을 알고 있다.

자본주의 사회에 반대하지 않으면서도 전쟁을 혐오하고 두려워할 수는 있다. 그러나 전쟁을 끝장낼 수는 없다. 전쟁은 계급으로 분열된 사회의 필연적 산물이다. 기존 지배자들에게 평화를 구걸해서는 전쟁 위협이 결코 끝나지 않을 것이다. 계급사회를 영원히 폐지하기 위해 싸우는 운동을 통해 지배자들의 손에서 무기를 빼앗아야만 한다.

1970년대 말 유럽과 북아메리카에서 등장한 평화운동은 이점을 이해하지 못했다. 그들은 크루즈 미사일과 퍼싱 미사일의

---

* 평화 배당금peace dividend은 미국 대통령 부시 1세와 영국 총리 대처가 1990년대 초에 내건 정치적 구호로, 냉전 종식에 따라 국방비를 감축해서 복지나 교육, 경제 발전에 사용할 수 있게 되는 자금을 말한다.

도입을 막기 위해, 일방적 군비 축소와 핵무기 동결을 실현하기 위해 투쟁했다. 그러나 그들은 평화를 위한 투쟁이 자본과 노동 사이의 투쟁과 완전히 별개로 성공할 수 있다고 믿었다.

그래서 그들은 [자본주의 국가들이] 전쟁으로 치닫는 경향을 저지할 수 있는 유일한 세력, 즉 노동계급을 동원하지 못했다. 오직 사회주의 혁명만이 전쟁의 참상을 끝장낼 수 있다.

더 읽을거리

이 책은 마르크스주의를 소개하는 기본 입문서다. 바라건대, 대부분의 독자가 이 책을 읽고 나서 마르크스주의를 더 많이 알고 싶어 하면 좋겠다. 마르크스주의의 핵심 특징 하나는 사람들이 투쟁을 통해 배운다는 것이다. 노동자들은 투쟁하고 있을 때 놀랄 만큼 빠르게 배울 수 있다. 그러나 그렇게 자연스럽게 얻은 통찰만으로 세계를 설명할 수 있는 것은 아니다. 읽고 토론하고 논쟁하는 것을 통해, 우리가 벌이는 투쟁을 보완해야 한다.

아래 목록은 하나의 제안일 뿐이다. 독자들은 이 책에서 다룬 특정 주제를 더 깊이 알고 싶을 수도 있고, 모든 주제를 조금씩 훑어보고 싶을 수도 있다. 어느 쪽이든, 마르크스주의가 무엇인지를 이제 막 이해하기 시작했다면 중간에 그만두고 싶지는 않을 것이다.

아래 목록 중에 별표(*)가 붙은 것은 얇은 소책자다. 이 목록은 지금도 [영국에서] 출간되는 책들만 고른 것이다. 모두 북마크스Bookmarks 서점이나 사회주의노동자당SWP의 지역 지부에서 구할 수 있는 것들이다.

다른 마르크스주의 입문서들

《공산당 선언》, 카를 마르크스, 프리드리히 엥겔스[국역: 여러 판본이 있다]. 1848년에 쓰인 이 책은 마르크스와 엥겔스에 대한 고전적 입문서로, 이 책에서 그들은 자본주의가 어떻게 작동하는지, 왜 그전의 계급사회들보다 더 역동적인지, 왜 심각한 위기에 빠지는 경향이 있는지, 어떻게 자본주의의 무덤을 파는 사람들인 노동계급을 만들어 내는지를 분석한다.

《공상에서 과학으로 — 사회주의의 발전》, 프리드리히 엥겔스(범우사, 2006). 엥겔스가 지은 이 사회주의 안내서는 처음 출판됐을 때[1880년] 《공산당 선언》보다 훨씬 더 인기 있었다. 이 책은 낡은 중세 유럽에서 자본주의가 출현하게 된 역사적 과정을 설명하고, 새로운 세계를 위한 노동자 투쟁의 정치학·경제학·철학을 소개한다.

《왜 혁명적 정당이 필요한가?Why We Need a Revolutionary Party》*, 린지 저먼. SWP가 펴낸 아주 얇은[16쪽] 이 소책자는 노동자들이 권력을 장악해서 사회를 변혁하려면 어떤 종류의 혁명적 정당이 필요한지를 보여 준다.

《카를 마르크스의 혁명적 사상》, 알렉스 캘리니코스(책갈피, 2018). 마르크스의 생애와 그가 발전시킨 역사 이론과 자본주의 경제 이론, 오늘날의 동방과 서방 사회를 이해하는 데 마르크스의 사상이 적절한지, 또 어떻게 사회주의를 쟁취할 수 있는지를 개략적으로 설명한 현대의 고전.

《당과 계급》, 토니 클리프, 던컨 핼러스, 크리스 하먼, 레온 트로츠키 (책갈피, 2012). 당과 계급이라는 주제에 관한 여러 사람의 글을 모은 책으로, 알렉스 캘리니코스가 쓴 머리말이 실려 있다.

"사회주의를 배웁시다" 소책자들

《마르크스주의와 현대 세계Marxism and the Modern World》* 제국주의, 국가자본주의, 민족 억압과 민족해방운동, 연속혁명에 관한 짧은 글 모음집.

《마르크스주의와 국가Marxism and the State》* 의회에서 노동자 민주주의까지, 노동자 국가와 노동자 권력에 이르는 길 등 국가와 혁명, 민주주의와 국가에 관한 짧은 글 모음집.

《마르크스주의 경제학의 기초 개념들》*(노동자연대, 2006). 착취, 잉여가치, 이윤율 저하 등 마르크스주의 경제학의 기초 개념들을 짧고 명쾌하게 소개한다.

"여성해방과 계급투쟁", 《크리스 하먼 선집》(책갈피, 2016). 여성 억압에 관한 마르크스주의 이론, 여성 억압에 관한 잘못된 이론들, 마르크스주의를 비판하는 주장들, 정당·노동계급·여성해방에 관한 짧은 글 모음집.

《잘못된 정치적 경향 ― 아나키즘·신디칼리즘·초좌파주의·종파주의·중간주의》*(노동자연대, 2015), 《마르크스주의와 테러》*(노동자연대, 2015). 신디컬리즘, 중간주의, 종파주의, 초좌파주의, 테러리즘에 관한 짧은 글 모음집.

《혁명이란 무엇인가?》*(노동자연대, 2005). 총파업, 무장봉기, 혁명과 폭력, 소비에트: 1905년 혁명의 교훈, '프롤레타리아 독재'와 민주주의, 혁명적 정당의 구실에 관한 짧은 글 모음집.

마르크스주의 경제학과 경제 위기

《임금노동과 자본》(범우사, 2008), 《임금·가격·이윤》(백산서당, 1990). 이 두 책은 마르크스의 경제 이론에 관한 짧은 입문서다. 특히, 《임금노동과 자본》은 이 분야의 초심자들이 쉽게 이해할 수 있는 책이다. 먼저 이 두 저작을 읽고 난 다음에 훨씬 더 부담스럽지만 분명히 얻는 게 매우 많은 3권짜리 《자본론》에 도전하는 것이 좋다. 이 두 소책자는 모두 북마크스 출판사가 펴낸 것이 있다.

《자본주의 역사 바로 알기》, 리오 휴버먼(책벌레, 2000). 마르크스주의 경제학의 본질적 측면 일부를 다루는 매우 재미있는 입문서다.

《크리스 하먼의 마르크스 경제학 가이드》, 크리스 하먼(책갈피, 2010). 이 책은 일반적 독자에게 마르크스의 경제 이론을 개략적으로 설명하고 그 이론을 적용해서 20세기 자본주의의 발전을 이해하기 위해 썼다. 이 책에서 특히 중요하게 다루는 주제는 국가자본주의의 발전과 위기, [전후] 장기 호황, 1970년대 초에 시작된 경제 위기, 케인스주의, 통화주의, 세계화 이론 등이다.

《마르크스주의와 공황론》, 크리스 하먼(풀무질, 1995). 카를 마르크스는 자본주의 체제를 성장과 호황의 시기뿐 아니라 위기와 불황의 시기까지 종합적으로 설득력 있게 분석한 최초의 사람이었다. 크리스 하먼은 마르크스주의 경제학을 해설한 이 고전적 저작에서, 마르크스주의 경제 분석의 본질적 요소들을 설명한다.

러시아 혁명

《세계를 뒤흔든 열흘》, 존 리드(책갈피, 2005). 러시아 10월 혁명의 역사적 사건들을 직접 목격한 사람이 들려주는 감동적인 이야기.

"10월 혁명의 교훈", 《10월 혁명》, 레온 트로츠키(아고라, 2017). 1923년 독일 혁명의 실패에 대한 반응으로 쓴 이 글은 1917년 10월 혁명 전야의 사건들을 처음으로 진지하게 분석한 저작이다. 그 사건들에 대한 독특한 성찰을 제공하는 이 글의 지은이는 실제로 10월 무장봉기를 조직한 사람이다.

《10월을 옹호하며: 러시아 혁명에 관한 논쟁In Defence of October: a Debate on the Russian Revolution》, 존 리즈, 로버트 서비스, 샘 파버, 로빈 블랙번. 러시아 혁명의 의미에 관한 논쟁을 이어가는 이 책은 다음과 같은 많은 문제를 다룬다. 러시아 혁명은 볼셰비키의 쿠데타였는가 아니면 볼셰비키의 지도를 따르는 노동계급의 권력 장악이었는가, 스탈린이 레닌의 후계자인가, 러시아 혁명은 오늘날의 마르크스주의자들에게 여전히 교훈을 주는가 등.

《러시아 혁명사》, 레온 트로츠키(아고라, 2017). 이 책은 20세기의 가장 중요한 사건을 다룬 최고의 역사서 가운데 하나다. 지은이는 [10월] 무장봉기를 조직했고 내전 기간에 적군赤軍을 창건하고 지휘한 사람이다.

영국의 노동계급 운동

《1919년: 혁명 직전의 영국1919: Britain on the Brink of Revolution》, 하니 로젠버그. 제1차세계대전은 끝났고 러시아에서 최초의 노동자 혁명이 일어났다. 영국은 혼란에 빠져 있었고 노동계급의 반란이 현안으로 떠올랐다. 이 책은 당시의 사건들을 추적하면서, 사회를 근본적으로 변화시킬 수 있는 기회들이 왜 날아가 버렸는지를 설명한다.

《희망의 나날들: 1926년 총파업Days of Hope: the General Strike of 1926》*, 던컨 핼러스, 크리스 하먼. 영국 지배계급을 뒤흔들 수 있었지만 노총TUC의 배신 때문에 패배한 파업을 다룬 소책자다. 여기서 얻을 수 있는 교훈은, 노조 관료 집단은 믿을 수 없다는 것과 노동계급은 노동당과 노동조합 지도부에서 독립적인 현장 조직과 정치적 지도부에 의지해야 한다는 것이다.

《마르크스주의와 노동조합 투쟁: 1926년 총파업Marxism and Trade Union Struggle: the General Strike of 1926》, 토니 클리프, 도니 글룩스타인. 1926년 총파업과 마르크스주의자들이 얻을 수 있는 교훈을 분석한 책으로, 위의 소책자보다 훨씬 더 두껍지만 그만큼 얻을 것도 많다[일부 국역: 《마르크스주의와 노동조합 투쟁》, 책갈피, 2014].

《영국 노동계급의 형성 상·하》, E P 톰슨(창비, 2000). 영국 노동자들의 일상생활과 노동운동의 기원을 연구한 훌륭한 책이다.

노동당

《신노동당인가 사회주의인가?New Labour or Socialism?》*, 알렉스 캘리니코스. 토니 블레어는 [노동당이] 신노동당으로 변신했기 때문에 선거에서 승리했다고 주장한다. 이 소책자는 왜 블레어가 노동 계급 사람들에게 유익한 많은 개혁을 실시하겠다는 약속조차 저버렸는가 하는 문제를 살펴본다. 그러면서 오늘날 보수당과 노동당의 정치적 사고를 모두 지배하는 자유 시장 자본주의 개념을 비판하고, 일반 대중의 진정으로 민주적인 사회주의가 대안이라고 주장한다.

《노동당은 어디로 가고 있는가?Where Is Labour Going?》*, 던컨 블래키. 이 소책자는 노동당의 역사와 정치적 사고를 간략히 소개하고, 집권한 노동당의 썩어 빠진 전력을 폭로한다.

《마르크스주의에서 본 영국 노동당의 역사: 희망과 배신의 100년》, 토니 클리프, 도니 글룩스타인(책갈피, 2008). 이 책은 영국 노동당의 역사를 다양한 단계로 나눠서 살펴본다. 즉 처음 출범했을 때, 러시아 혁명과 1926년 총파업의 그늘에 있었을 때, 애틀리·윌슨·캘러핸이 집권했을 때 등으로 나눠서 살펴본다. 새 판 [1996년 판]에 추가된 장에서는 블레어와 신노동당의 등장을 추적하고 설명한다.

국제 노동계급

《패배한 혁명》, 크리스 하먼(풀무질, 2007). 제1차세계대전의 참화와 러시아 혁명의 불빛은 독일에서 혁명의 기회를 만들어 내는 데 일조했다. [그러나] 독일 혁명이 실패하자 러시아는 고립됐고(그 직접적 결과가 스탈린의 독재였다), 이후 히틀러가 집권할 수 있는 상황이 조성됐다. 이 책은 1918~1923년 독일의 그 고무적이고 비극적인 사건을 추적하면서, 혁명적 사회주의 조직이 더 크고 성숙했더라면 역사는 달라졌을 수 있음을 보여 준다.

《카탈로니아 찬가》, 조지 오웰(민음사, 2001). 오웰이 지은 최고의 책으로, 더 유명하고 매우 비관적인 《동물 농장》이나 《1984》보다 훨씬 더 낫다. 이 책에서 오웰은 1936년 스페인 혁명 당시 노동계급이 '권좌에 앉아' 있을 때의 상황을 생생하게 묘사한다.

《트럭 운전사 반란Teamster Rebellion》, 패럴 돕스. 1930년대 미국에서 어떻게 사회주의자들이 운수 노동자들의 대중 파업을 이끌었는지를 설명하는 아주 뛰어난 책.

제국주의, 민족문제, 제3세계

"빛나간 연속혁명", 《국제주의 전통 자료집 I-3 마르크스주의의 기초와 그 고전적 전통》, 토니 클리프(책갈피, 2018). 이 글은 많은 나라에서 어떻게 민족 해방을 위한 투쟁이 마르크스주의를 자처하는 조직들의 지배를 받게 됐는지, 왜 그들이 때로는 성공했지만 사회주의가 아니라 국가자본주의를 만들어 냈는지, 왜 후진국에서 진정한 마르크스주의 전통을 따르는 사회주의적 대안이 건설될 수 있는지를 설명한다.

《제국주의, 자본주의의 최고 단계》, Ⅴ Ⅰ 레닌[국역: 여러 판본이 있다]. 제1차세계대전의 발발과 (명목상으로는 마르크스주의 정당이던) 독일 사회민주당의 투항에 대한 반응으로 쓴 이 책에서 레닌은 제국주의를 자본주의의 발전과 그 필요라는 맥락 속에 확실히 자리매김한다. 비록 몇몇 세부적 분석은 시대에 뒤떨어지고 틀렸다고 하더라도 이 책은 여전히 20세기의 제국주의와 전쟁 드라이브를 이해하는 데 귀중한 출발점 구실을 한다.

"민족자결권", 《맑스―레닌주의 민족운동론》, Ⅴ Ⅰ 레닌(벼리, 1988). 이 글에서 레닌은 민족 해방에 관한 마르크스주의의 기본 원칙들을 제시한다. 이 글은 지금 《민족 정책과 프롤레타리아 국제주의의 문제들Questions of National Policy and Proletarian Internationalism》이라는 글 모음집에 수록돼 있다.

《연속혁명, 평가와 전망》, 레온 트로츠키(책갈피, 2003). 트로츠키가 마르크스주의 이론에 기여한 주요 저작 중 하나다. 트로츠키의 주장은 다음과 같다. 후진국의 신흥 부르주아지는 너무 허

약하고 노동계급을 두려워해서 봉건적 지배계급을 제거할 수 없다. 따라서 후진국의 혁명은 노동계급의 무장봉기로 나아갈 것이다. 그러나 노동계급이 혁명을 일으킨다면 그들은 허약한 부르주아지에게 권력을 넘겨주려 하지 않을 것이고 노동자 국가를 수립하고자 할 것이다.

여성해방, 인종차별, 아일랜드

《여성해방을 위한 투쟁The Struggle for Women's Liberation》*, 일레인 헤퍼넌. 여성 억압의 원인과 여성 억압에 맞서 싸우는 효과적 방법을 간결하게 설명한 SWP 소책자.

《가족, 사유재산, 국가의 기원》, 프리드리히 엥겔스(두레, 2012). 엥겔스가 가족 억압의 뿌리는 자본주의의 필요에 있다고 설명한 고전이다. 이 책은 시대를 한참 앞선 선구적 작품이었다. 당연히 엥겔스의 예측 일부는 이후의 사태 전개에 비춰 보면 옳지 않다는 것이 드러났지만, 그래도 여전히 매우 귀중한 저작이다.

《여성과 마르크스주의》, 린지 저먼(책갈피, 2007). 이 책은 고전적 마르크스주의 전통에 입각해서, 여성 억압의 뿌리가 가족에 있고 가족 자체는 변화하는 자본주의 체제의 산물이라는 것을 보여 준다. 저먼은 여성 억압에 관한 다른 이론들, 특히 페미니즘의 가부장제 이론에 이의를 제기하고, 요즘 유행하는 포스트페미니즘 관점을 비판한다. 또 여성해방을 위한 투쟁이 많은 성과를 거뒀지만, 궁극적으로 여성 억압은 사회주의적 사회변혁을 통해서만 폐지될 수 있고 그 과정에서 여성 노동자들이 핵심적 구실을 할 것이라고 주장한다.

"인종과 계급", 《현대 자본주의와 민족문제》, 알렉스 캘리니코스(갈무리, 1994). 이 글은 인종차별이 자본주의의 발전 과정에서, 노예제를 통해 값싼 노동을 구할 필요에서, 식민주의를 이데올로기적으로 정당화하고 노동자들을 더 잘 지배하기 위해 그들을 분열시킬 지속적 필요에서 생겨났다는 것을 보여 준다. 또 자본주의 체제가 착취와 억압에 맞선 투쟁 속에서 노동자들이 단결하고 인종차별을 극복할 수 있는 기회들을 만들어 낸다는 것도 보여 준다.

《맬컴 엑스Malcolm X》, 케빈 오븐든. 미국 흑인 해방 투쟁의 가장 급진적이고 용감한 지도자 중 한 명의 생애와 사상을 다룬 얇은 책. 오븐든은 맬컴의 사상이 짧은 생애[40세에 암살당했다] 말년에 반자본주의 방향으로 발전했고 흑인과 백인이 단결해서 공동의 적에 맞서 싸울 수 있는 길을 찾는 것이 중요하다는 사실을 이해하기 시작했다고 주장한다.

《지구력: 영국 흑인들의 역사Staying Power: Black People in Britain》, 피터 프라이어. 영국의 흑인들과 인종차별 반대 투쟁의 역사를 다룬 최고의 책.

《아일랜드: 왜 군대는 철수해야 하는가Ireland: Why the Troops Must Get Out》*, 크리스 뱀버리. 아일랜드 문제와 [아일랜드 주둔] 영국군이 해결책의 일부가 아니라 문제의 일부인 이유를 다룬 SWP 소책자.

How Marxism Works by Chris Harman
First published in London in May 1979
Sixth edition published in July 2000 by Bookmarks Publications
© Bookmarks Publications Ltd

Korean translation edition © 2019 by Chaekgalpi Publishing Co
Bookmarks와의 협약에 따라 이 책의 한국어 판권은 책갈피 출판사에 있습니다.

마르크스주의란 무엇인가?

지은이 | 크리스 하먼
옮긴이 | 이수현

펴낸이 | 김태훈
편 집 | 최재필
본문 디자인 | 고은이

펴낸곳 | 도서출판 책갈피
등록 | 1992년 2월 14일(제2014-000019호)
주소 | 서울 성동구 무학봉15길 12 2층
전화 | 02) 2265-6354
팩스 | 02) 2265-6395
이메일 | bookmarx@naver.com
홈페이지 | http://chaekgalpi.com
페이스북 | http://facebook.com/chaekgalpi

첫 번째 찍은 날 2019년 8월 30일

값 9,000원

ISBN 978-89-7966-165-1
잘못된 책은 바꿔 드립니다.